Novo *Mindset* do Advogado

Impactos das *soft skills* – desconstruindo técnicas, resgatando habilidades

Novo *Mindset* do Advogado

Impactos das *soft skills* – desconstruindo técnicas, resgatando habilidades

Organização
Macela Nunes Leal
Quíssila Pessanha

Autoras
Ana Emília Torres-Homem Giaretta
Cláudia Weyne Melo de Castro
Fernanda Francisca Veras Carvalho
Fernanda Rodrigues Feltran
Macela Nunes Leal
Márcia Rosa
Quíssila Pessanha
Raquel Nery Cardozo
Rosane Fagundes
Suzane de Almeida Pimentel Nogueira

São Paulo | 2023

Editor científico: Guilherme Assis de Almeida
Editor: Fabio Humberg
Revisão: Humberto Grenes, Cristina Bragato e Rodrigo Humberg
Capa: Alejandro Uribe

Dados Internacionais de Catalogação na Publicação (CIP)
(Câmara Brasileira do Livro, SP, Brasil)

Novo mindset do advogado : impactos das soft skills : desconstruindo técnicas, resgatando habilidades / organização Macela Nunes Leal, Quíssila Pessanha. -- São Paulo : Editora CL-A Cultural, 2023.

Várias autoras.
Bibliografia.
ISBN 978-65-87953-51-9

1. Advogados - Formação profissional 2. Artigos - Coletâneas 3. Competência profissional 4. Direito - Estudo e ensino 5. Formação profissional 6. Habilidades I. Leal, Macela Nunes. II. Pessanha, Quíssila.

23-165717 CDU-347.965.1

Índices para catálogo sistemático:
1. Advocacia como profissão : Direito 347.965.1

(Eliane de Freitas Leite - Bibliotecária - CRB-8/8415)

Editora CL-A Cultural Ltda.
Tel.: (11) 3766-9015 | Whatsapp: (11) 96922-1083
editoracla@editoracla.com.br | www.editoracla.com.br
linkedin.com/company/editora-cl-a/ | instagram.com/editoracla

Disponível também em *ebook*

ÍNDICE

PREFÁCIO

Em uma acepção estrita, a negociação é um processo bilateral de resolução de impasses ou de controvérsias, no qual existe o objetivo de alcançar um acordo conjunto, através de concessões mútuas. Envolve a comunicação entre as partes envolvidas, o processo de tomada de decisão (sob pressão) e o alcance de uma solução.

A negociação pode ser utilizada tanto no âmbito contratual, voltada para a celebração de contratos, como no litigioso, no qual o foco é a resolução extrajudicial de uma controvérsia já existente.[1]

Uma das principais vantagens da negociação é evitar as incertezas e os custos de um processo judicial, privilegiando uma resolução pessoal, discreta, rápida, e que preserva, dentro do possível, o relacionamento entre as partes envolvidas - o que é extremamente útil, sobretudo quando se trata de uma negociação comercial.

Ademais, a negociação, tal como os demais meios de autocomposição (isto é, mediação e conciliação), tem o benefício de conferir uma maior margem de flexibilidade às partes na busca de opções de solução dos conflitos, em comparação com os métodos da adjudicação e da arbitragem.[2] Com efeito, ao permitir que o processo foque nos interesses das partes, e não somente nas suas posições, a negociação possibilita o exercício da

---

1. Segundo Roberto Mnookin, Scott Peppet e Andrew Tulumello, o processo de resolução de uma controvérsia é caracterizado pela existência de uma pretensão jurídica de uma ou ambas as partes, o que o diferencia do processo de discussão e celebração de um contrato, com impacto na dinâmica do processo de negociação (*In*: *Beyond winning: negotiating to create value in deals and disputes*. Cambridge: Belknap Press of Harvard University Press, 2000, p. 128).

2. "La resolución de los conflictos a través de la negociación es la fórmula que mayor poder otorga a las partes en la solución, mientras que las fórmulas heterocompositivas como el arbitraje y la jurisdicción son las que menos posibilidades ofrecen a las partes para controlar el resultado de la resolución." (MUÑOZ, Helena Soleto. Negociar lo que vas a negociar: el proceso de negociación. *Revista Iuris: actualidad y práctica del derecho*, nº 154, p. 33-35, 2010, p. 34).

criatividade e a busca de soluções alternativas que satisfaçam os sujeitos da melhor forma possível e facilitem a obtenção de um acordo.

Nessa linha, observa Carrie Menkel-Meadow que as disputas jurídicas de modo geral estão ficando cada vez mais complexas, com múltiplos interesses em jogo. Em razão disso, elas demandariam soluções igualmente complexas que ultrapassam as limitações das respostas binárias do Poder Judiciário.[3] Este, como bem se sabe, fica com suas mãos atadas pelas pretensões aduzidas pelas partes, podendo dar apenas o que foi pedido. Na negociação, as partes têm a liberdade de discutir outras alternativas de satisfação daquele interesse.

Quanto ao momento, a negociação que visa a resolução de uma controvérsia pode ser prévia ou incidental, tendo por referencial o surgimento do litígio; quanto à postura dos agentes negociadores e das partes, pode ser adversarial (competitiva) ou solucionadora (pacificadora); quanto ao processo adotado, pode ser distributiva ou integrativa.[4]

A Escola de Harvard[5] tem se notabilizado por pregar um método conhecido como *principled negotiation*, ou negociação com princípios, ocasionalmente também referenciada como *problem-solving negotiation* (negociação voltada para a resolução de problemas), ou *interest-based negotiation* (negociação baseada em interesses).

---

3. "Even conventional lawsuits these days are often disputes or issues between and among multiple parties (i.e. environmental clean-ups, mass torts, securities, reform of governmental entities, consumer actions), often with multiple issues at stake – what Lon Fuller called 'multi-plex' disputes, which are not susceptible to litigious on/off, yes/no solutions. These kinds of cases may require complex solutions, with future-oriented rules, transactions or duties and cannot adequately be served by the 'limited remedial imaginations' of courts." (MENKEL-MEADOW, Carrie. Ethics and Professionalism in Non-Adversarial Lawyering. *Florida State University Law Review*, v. 27, p. 153-192, 1999, p. 158).

4. "Distributive negotiation describes negotiations which are generally limited to one item; when more for you is less for me. Integrative negotiation generally refers to an opportunity to add different elements to the negotiation, and to find a way to have a more mutually beneficial outcome." (SCHNEIDER, Andrea Kupfer. Teaching a New Negotiation Skills Paradigm. *Washington University Journal of Law and Policy*, v. 39, pp. 13-38, 2012, pp. 15-16).

5. FISCHER, Roger; URY, William; PATTON, Bruce. *Getting to Yes: Negotiating agreement without giving in.* 3. ed. New York: Penguin Books, 2011.

A negociação com princípios foca, portanto, no estabelecimento de um diálogo transparente, cooperativo e ético que permita a busca de soluções eficazes e criativas. Promove, com isso, uma releitura da forma como a negociação é vista: ao invés de um processo meramente distributivo, ela passa a ser entendida como um processo complexo, composto por várias etapas, sendo a distribuição de valores apenas uma delas.

A cooperação está na base da negociação com princípios. Para que se produzam os resultados satisfatórios almejados pelo modelo da Escola de Harvard, não só o processo negocial deve ser desenhado de forma a promover o diálogo aberto e transparente entre as partes, como também é necessário que os principais e seus agentes adotem uma postura cooperativa, ao invés de oportunista.

No Direito brasileiro, a cooperação vem ganhando espaço no processo civil. O Código de Processo Civil de 2015 consagra de forma expressa o princípio da cooperação como norma fundamental processual, estabelecendo que "todos os sujeitos do processo devem cooperar entre si para que se obtenha, em tempo razoável, decisão de mérito justa e efetiva" (art. 6º). As nuances desse dispositivo vêm sendo bastante debatidas em sede doutrinária, com diversos esforços hermenêuticos no sentido de sistematizar e propor parâmetros para a sua aplicação.

Dentre os diversos argumentos que podem ser utilizados para defender a importância da cooperação, destacaremos aqui os benefícios que ela pode trazer para a criação de valor na resolução de uma disputa. Essa lógica pode se aplicar, portanto, tanto a um processo de negociação extrajudicial como a um processo judicial ou administrativo.

O primeiro benefício da cooperação está na redução dos custos transacionais da disputa. Um dos maiores problemas dos litígios na atualidade são os elevados custos a eles inerentes, tais como os gastos com advogados, as despesas com o processo (de negociação ou judicial), os gastos com produção de provas etc. Quanto mais tempo demora para as partes chegarem a um acordo e solucionarem aquele conflito, maiores serão os custos e, por conseguinte, menor será o benefício que elas auferirão ao final.

De que adianta para uma parte consagrar-se "vencedora" em tese ao final de um processo judicial ou de negociação, se os benefícios advindos dessa vitória serão quantitativamente inferiores aos gastos incorridos? (Não se considera aqui, por evidente, aquelas situações nas quais a parte tem outros interesses, tal como a formação de um precedente para uso futuro em outros casos).

Quando os sujeitos envolvidos na disputa cooperam entre si, compartilhando informações e trabalhando em conjunto na busca de uma solução que satisfaça a todos, o processo anda muito mais rápido, sem incorrer em dilações – e, consequentemente, em custos – desnecessários.

O segundo benefício trazido pela cooperação é a geração de soluções que criam valor. A atividade de criação de valor pressupõe, conforme já explicamos, um diálogo franco entre as partes sobre seus interesses e percepções, e uma discussão sobre as opções capazes de satisfazer tais interesses. Esse procedimento somente poderá ser realizado com sucesso se ambas as partes estiverem imbuídas do espírito cooperativo.

Quando a cooperação é unilateral, todavia, ela abre margem para exploração de uma parte pela outra, na medida em que agrava a situação de assimetria de informações, sem gerar valor para o processo de resolução da disputa.[6]

Nesse contexto, os advogados podem assumir um papel de relevância na promoção da cooperação, especialmente porque, no mais das vezes, as dis-

6. MNOOKIN, Robert H. Why negotiations fail: an exploration of barriers to the resolution of conflict. *The Ohio State Journal on Dispute Resolution*, v. 8, nº 2, pp. 235-249, 1993, p. 240.

putas, principalmente as judiciais, são levadas adiante através deles. Isso depende, contudo, de uma mudança na forma como a sua função é entendida.

A concepção tradicional do papel do advogado acaba sendo de que ele deveria privilegiar o seu dever de promover os interesses e ganhos do seu cliente. Segundo Carrie Menkel-Meadow, isso se reflete nas regras de conduta e ética profissional que dificilmente abrangem outros papéis de caráter mais construtivo que os advogados podem (e devem) desempenhar.[7]

Sob o paradigma da advocacia colaborativa,[8] o papel do advogado fica mais complexo. Além de ter que interpretar o caso do seu cliente à luz da lei e da jurisprudência, o advogado cooperativo deve facilitar, criar e sintetizar os problemas e as suas soluções, pensando fora da caixa e sendo criativo nas opções propostas.[9]

O advogado colaborativo pode, contudo, se deparar com algumas questões éticas. Uma vez que os parâmetros de conduta profissional são pensados sob o paradigma da atuação contenciosa, de caráter adversarial, algumas posturas cooperativas podem acabar sendo entendidas como uma violação do modelo de advocacia zelosa.[10]

A partir dessas e de outras premissas, o livro traz um conjunto de dez

---

7. MENKEL-MEADOW, Carrie. The Lawyer as a Consensus Builder. *Tennessee Law Review*, v. 70, pp. 63-119, 2002.

8. "A advocacia colaborativa nasceu da constatação de [do advogado norte-americano] Stuart Webb de que ao final dos processos de divórcio, todos, mesmo os 'vencedores', saíam perdendo, em decorrência das consequências negativas que a litigância trazia para as suas vidas. Por isso, surgiu a ideia de se criar um espaço extrajudicial e multidisciplinar de colaboração e diálogo no qual as partes buscam em conjunto, com o auxílio de um advogado e de outros profissionais, como psicólogos, uma solução que melhor se adeque aos interesses da família, e não aos interesses individuais. Enquanto o advogado contencioso briga por seu cliente e, muitas vezes, até piora o relacionamento entre as partes, o colaborativo se coloca como um resolvedor de problemas ('problem solver'), como alguém disposto a ajudar a remover os obstáculos que impedem o consenso." (PINHO, Humberto Dalla Bernardina de; ALVES, Tatiana Machado. Novos desafios da mediação judicial no Brasil: a preservação das garantias constitucionais e a implementação da advocacia colaborativa. *Revista de Informação Legislativa*, n. 205, pp. 55-70, jan./mar. 2015, p. 68).

9. MENKEL-MEADOW, Carrie. Ethics and Professionalism in Non-Adversarial Lawyering. *Florida State University Law Review*, v. 27, p. 153-192, 1999, p. 163.

10. MNOOKIN, Robert H.; GILSON, Ronald J. Op. cit. pp. 550-553.

artigos de especialistas – todas mulheres – que analisam a necessidade de mudança do modo de proceder e pensar das advogadas e dos advogados, diante de um ambiente que evoluiu e se alterou significativamente em termos de tecnologia, mentalidade e comportamento, e que se mantém em constante transformação.

Todas as autoras defendem a ressignificação do modelo de advocacia tradicional, calcada no litígio e nas técnicas, para um novo paradigma, em que ganha força a abordagem negocial com foco nas chamadas *soft skills*.

O objetivo é demonstrar e salientar a importância do papel do advogado como agente de transformação social. Recebem especial destaque os benefícios trazidos pelo uso de habilidades e competências ligadas à negociação, à comunicação, ao relacionamento interpessoal, à flexibilidade, à criatividade e a outros aspectos que fazem parte do âmbito das *soft skills*, para a resolução dos conflitos, assim como para o atendimento às diferentes necessidades e expectativas dos clientes.

Esse novo atuar está focado na construção de soluções criativas, seguras e eficientes, conforme as necessidades da sociedade moderna: uma advocacia que coloca o indivíduo no centro, não apenas dos seus direitos, mas das suas necessidades, enquanto parte de uma coletividade.

Sem dúvida, uma obra fundamental na atual quadra da história e da evolução do ordenamento jurídico brasileiro.

Desejo a todos uma excelente leitura!

Humberto Dalla Bernardina de Pinho
Professor Titular na Faculdade de Direito da UERJ
Desembargador do Tribunal de Justiça do Estado do Rio de Janeiro

A busca de uma advocacia de excelência: a Justiça Multiportas aliada às *soft skills*

Ana Emília Torres-Homem Giaretta

Colegas advogados e advogadas, vale iniciar este artigo com a seguinte reflexão: quantas vezes ouvimos no meio jurídico, dos próprios colegas, o desestímulo aos jovens que estão pensando em fazer Direito, em razão da proliferação das faculdades, da desvalorização da advocacia, da competitividade do mercado de trabalho e da morosidade do Poder Judiciário?

Sim, tais problemas existem e são uma realidade. O mercado de trabalho torna-se cada dia mais competitivo, são inúmeras as faculdades de Direito, formando profissionais, que, diante da alta oferta de mão de obra, recebem valores aquém da tabela da Ordem dos Advogados do Brasil - OAB, para adquirirem prática profissional.

Todo esse contexto certamente acaba desestimulando o profissional do Direito a exercer a advocacia. Mas existem outras formas de se destacar no mercado? O Poder Judiciário é a única via adequada de solução do problema do cliente? Como fidelizar o cliente e prestar uma advocacia humanizada e eficiente? Tais questionamentos serão respondidos ao longo deste trabalho.

Inicialmente, vale registrar que o advogado contemporâneo[11] é aquele que não se limita aos conhecimentos da sua formação acadêmica, do seu curso de graduação, as chamadas *hard skills*, mas aquele profissional que procura constantemente se atualizar e aprimorar o autoconhecimento.

---

11. Optamos pelo uso do substantivo masculino 'advogado' como padrão neste texto, mas nos referimos ao conjunto de advogadas e advogados.

O profissional do Direito que busca se especializar para lidar com o ser humano e os conflitos humanos, através de conhecimentos adicionais e salutares à profissão, como a inteligência emocional, a comunicação não violenta, as técnicas da comunicação, as técnicas da negociação e a oratória, está na vanguarda da advocacia. São as denominadas *soft skills.*

As *soft skills* são a "cereja do bolo" para que os advogados possam acessar os verdadeiros interesses de seus clientes e lhes indicar a via mais adequada de solução do seu problema.

Antes de adentrar no cerne da questão, vale discorrer com maior minuciosidade sobre o que são *soft skills* e *hard skills.*

Soft skills são as múltiplas habilidades comportamentais do indivíduo ligadas à sua personalidade e inteligência emocional, ou seja, a relação da pessoa consigo mesma, intrapessoal; bem como a relação com as outras pessoas, interpessoal. Diferem das *hard skills*, que são os conhecimentos específicos de cada profissão ou ofício.

Howard Gardner aponta a ausência de estímulo de aprendizado das múltiplas inteligências (ou inteligências humanas), que se distinguem das habilidades estudadas em academias (como, por exemplo, a lógica em matemática) desde o ensino fundamental, médio, superior e pós-graduação (GARDNER, 1995, p.10).

A Lei nº 9.394, de 20 de dezembro de 1996, que versa sobre as Diretrizes Básicas de Educação, dispõe, no § 7º do art. 35, acerca da necessidade da formação integral do aluno no ensino médio e reza que tal formação abarcaria, além da atividade curricular, a construção do projeto de vida do aluno e sua formação nos aspectos físicos, cognitivos e socioemocionais.[12]

12. Entende-se como habilidades cognitivas o conjunto de atividades ligadas ao raciocínio lógico do indivíduo, como, por exemplo, habilidades numéricas e de memorização. Já as habilidades socioemocionais estão relacionadas à gestão das emoções do indivíduo consigo mesmo e perante o meio social que o cerca; ao desenvolvimento do autoconhecimento e da sua percepção de empatia e de solidariedade.

O cenário ideal é que tais habilidades cognitivas e socioemocionais fossem ensinadas desde o ensino infantil, passando pelo fundamental e médio nas escolas até chegar ao ensino superior. Um efetivo trabalho preventivo na busca de formação de adultos mais saudáveis e profissionais mais eficientes e conscientes da sua função social.

No campo das profissões, o desenvolvimento de tais habilidades é salutar, sobretudo as profissões que exigem relações interpessoais e cumprem uma função social, como a advocacia.

O advogado, ao ser aprovado no exame da Ordem e prestar o juramento de sua profissão, precisa ter a real consciência de que irá lidar com vidas humanas e, mais do que isso, trabalhará diretamente com os conflitos humanos.

Quando o ser humano está em conflito com uma ou mais pessoas, ele está em crise. Para tanto, é de suma importância que o advogado, como "porta de entrada" do seu cliente, saiba sobretudo acolhê-lo, dedicar um tempo para efetivamente exercitar a escuta ativa e, através de técnicas específicas de comunicação e negociação, entender os seus verdadeiros interesses através das posições.

Soft skills como inteligência emocional, comunicação não violenta, técnicas da comunicação, negociação e oratória são exemplos de habilidades que devem ser trabalhadas pelo profissional do Direito na graduação e em cursos de especialização, visando ao seu aperfeiçoamento profissional.

No Brasil, a cultura paternalista e beligerante, na qual se delega ao Estado-juiz o poder das decisões e, em regra, uma das partes ganha e a outra perde, ainda prepondera, e é um dos principais óbices para que o ensino das *soft skills* do advogado não seja estimulado com a devida importância nos cursos de graduação de Direito.

Urge a necessidade do ensino de uma nova advocacia, de um novo Direito, que deve começar nas carteiras da universidade. Trata-se de um processo lento e gradual, que tem como norte o conceito de justiça em sentido amplo, que não significa necessariamente acesso ao Judiciário, bem como a humanização da relação profissional-cliente.

Essa mentalidade da advocacia, do profissional que busca desenvolver as *soft skills*, especializando-se dentro e fora da graduação, é o que a doutrina denomina de *Mindset* da Advocacia Contemporânea. Nas faculdades, noções desse novo Direito ganharam relevância a partir da introdução dos métodos adequados de resolução de conflitos na legislação pátria.

A Resolução nº 125, de 29 de novembro de 2010, do CNJ, foi o grande marco legislativo dos métodos autocompositivos no ordenamento pátrio, e se destaca pela utilização da expressão "métodos ADEQUADOS de resolução de conflitos". Expressão pertinente e de fato adequada, uma vez que não se trata de métodos alternativos ao Poder Judiciário, mas adicionais ao referido Poder, para que cada situação seja resolvida de acordo com suas nuances.

O Código de Processo Civil - CPC de 2015 adotou o Sistema Multiportas, ou seja, cada conflito tem uma ou mais vias adequadas de solução, podendo ser adotada a "porta" da Mediação, a "porta" da Arbitragem, a "porta" da Conciliação, a "porta" da Negociação ou a "porta" do Judiciário.

Nesse mesmo ano de 2015, surge a Lei nº 13.140, de 26 de junho, que regula a Mediação Judicial e Extrajudicial, seus princípios e procedimentos, inclusive no âmbito da Administração Pública.

Nesse contexto, a partir de 2019, as disciplinas que versavam sobre conciliação, mediação e arbitragem passaram a ser matérias obrigatórias nas grades curriculares dos cursos de Direito de todo o país, segundo a Resolução CNE/CES nº 5/2018, oriunda do Parecer nº 635/2018, homologado pela Portaria nº 1.351/2018 do Ministério da Educação - MEC.

São várias as possibilidades de resolução de um conflito, metáfora traduzida em várias "portas" que se abrem diante de uma situação concreta.

Essa situação reflete muitas vezes um momento de crise e vulnerabilidade vivido por duas ou mais pessoas, cuja via de solução deve ser escolhida com a maior clareza, humanização e sensibilidade possível.

Nesse panorama, surge a necessidade de conscientização do advogado acerca do seu papel estratégico e do seu dever ético, representando simbolicamente a "porta de entrada" do cliente, que na maioria das vezes não possui o devido conhecimento das normas e de seus direitos, por não ter formação específica na área.

Essa conscientização, denominada de mudança de *Mindset*, significa no sentido etimológico uma configuração da mente, um conceito que busca entender a predisposição psicológica de uma pessoa que prioriza determinados pensamentos e padrões de comportamento para, então, propor e desenvolver uma nova abordagem (FIA BUSINESS SCHOOL, 2019, p. 01).

Entende-se que a mudança de *Mindset* da advocacia contemporânea, mais do que uma necessidade, é uma questão de ética, humanização, otimização, inteligência.

Necessidade, pois o Poder Judiciário está hiperlotado de processos, o que se converte em morosidade e falta de profundidade nos julgamentos. O ideal seria que o Poder Judiciário abarcasse os casos em que houvesse de fato a necessidade de sua intervenção e análise. E daí a importância do advogado para orientar seu cliente das possibilidades viáveis e dos seus benefícios.

Ética, porque o Código de Ética da OAB expressamente, no seu art. 2º, prescreve como um dos deveres do advogado o estímulo à conciliação, prevenindo, sempre que possível, a instauração de litígios.

Humanização, pois o advogado lida com vidas humanas, inclusive a sua própria. Priorizar e entender o verdadeiro interesse de seu cliente, através de uma escuta ativa genuína, é o primeiro passo para poder defendê-lo e prestar um serviço eficaz.

Por fim, cumprir esse dever ético de apresentar ao seu cliente os métodos adequados, quando cabível, é mais do que tudo uma questão de **Inteligência**, uma vez que irá abrir "portas" e trará a possibilidade de solucionar o problema apresentado com menos desgaste emocional, menos custas judiciais, maior celeridade, protagonismo da decisão, dentre outras vantagens.

Vantagens estas que também se estendem aos advogados, na medida em que antecipam seus honorários, bem como estão sujeitos a menor desgaste emocional com a morosidade do Judiciário e as consequências inerentes.

Sendo assim, os advogados devem ter a consciência do cumprimento do seu dever ético de apontar a existência para o seu cliente da(s) via(s) de solução mais adequada(s) para o problema apresentado, cabendo a ele adotá-la(s) ou não. A partir dessa conscientização, surge a busca, pelo profissional do Direito, da especialização e do desenvolvimento das *soft skills*.

Registre-se a ausência do devido incentivo, valorização e ensino das *soft skills* nas faculdades de Direito, com a formação de bacharéis dotados de conhecimentos técnicos específicos, mas carentes do diferencial que irá auxiliá-los a otimizar sua profissão e a vida de seu cliente.

Inteligência emocional é a capacidade de reconhecer as emoções e a capacidade de gerenciá-las nas diversas situações da vida. As competências emocionais se dividem nas relações que estabelecemos com nós mesmos, categoria intrapessoal, e nas relações que estabelecemos com outras pessoas, categoria interpessoal (GOLEMAN; 2012, p. 340).

A inteligência emocional e suas competências são salutares para o advogado que busca prestar um trabalho de excelência e se destacar no mercado de trabalho. A autoconsciência e o autocontrole têm relação direta com o autoconhecimento. É importante que o advogado possa antes de tudo conhecer a si mesmo, reconhecer e compreender suas emoções, bem como a forma de reagir a elas diante das adversidades.

A autorregulação é a capacidade de gerenciar os sentimentos ou emoções. O fato de o advogado demonstrar suas emoções ou sentimentos ou os de seus clientes em uma mesa de negociação pode ser estratégico e criar conexões pessoais e afinidades com a parte contrária, desde que tal demonstração seja feita em momento oportuno.

Roger Fisher e Daniel Shapiro pontuam como o uso das emoções pode ser favorável quando aplicado de forma correta e no momento adequado, *ex vi*:

> Expressar emoções fortes também pode ser uma forma de influenciar a imagem que a outra parte tem de você. Por exemplo, um advogado sênior percebe um novo associado como um profissional fraco, passivo e incapaz de lidar com os clientes mais importantes e complexos. Por sua vez, o jovem associado, ao perceber a visão do advogado sênior a respeito dele, passa a manifestar suas opiniões com mais firmeza durante as reuniões. (FISHER, SHAPIRO; 2019; p. 159).

O que não é recomendável é a utilização de emoções e sentimentos de forma brusca e impulsiva. Ji Sanches chama a atenção para o ego na advocacia e pontua que:

> Saber lidar com o ego é fundamental para o advogado e faz parte da inteligência emocional na advocacia. Muitas vezes não queremos "perder a briga" contra o advogado da outra parte e deixamos o cliente no meio do tiroteio. Nosso **objetivo não é mostrar ao outro quem tem o melhor direito, é obter o direito que o cliente deseja**, pois aí reside a entrega do valor percebido. (SANCHES; 2021, p. 03, grifo nosso)

Por sua vez, o advogado motivado é aquele que tem uma postura positiva, caracterizada por um serviço de excelência e humanizado perante seu cliente.

As habilidades sociais consistem na capacidade do advogado de captar, fidelizar e convencer seus clientes. O profissional não precisa necessariamente ser extrovertido para ser hábil socialmente, mas falar com técnica e propriedade, usando as palavras certas nas horas certas, bem como cultivando uma relação recíproca de confiança na relação advogado-cliente.

Por fim, a inteligência emocional não pode deixar de ser relacionada à empatia, fundamental na relação advogado-cliente. Clientes, em regra, procuram um patrono para orientá-lo ou defendê-lo, pois estão com um conflito com uma ou mais pessoas. Desse conflito, nascem a crise e as emoções decorrentes, como a raiva, o medo, a insegurança ou a sensação de traição.

Assim, é salutar que o patrono, ao receber seu cliente em seu escritório ou qualquer outro local de atendimento, se despeça dos preconceitos e vivências pessoais, e procure, ao escutar seu cliente, oferecer a ele as formas viáveis e efetivas de resolução daquele problema, amparadas no sistema multiportas do CPC.

A Comunicação Não Violenta - CNV ou comunicação empática é uma abordagem da comunicação, criada pelo psicólogo norte americano Marshall Rosenberg na década de 1960, que compreende as habilidades de falar e ouvir, que leva os indivíduos a se entregarem de coração, possibilitando a conexão com si mesmos e com os outros, permitindo assim que a compaixão se desenvolva (ROSENBERG; 2021).

No exercício da advocacia, a CNV é um instrumento eficaz para a criação de vínculos, a fidelização, a reconstrução de relações, a prevenção de conflitos e dissabores, bem como para o sucesso das negociações.

Para tanto, é necessário conhecer e estudar as etapas dessa forma de abordagem, que tem como primeiro norte separar a observação da avaliação. Ou seja, pontuar o fato ocorrido sem pré-julgamentos.

Por exemplo, se um cliente tem o hábito de entregar a documentação solicitada na véspera da interposição dos prazos, o que acaba comprometendo a qualidade da análise do advogado, este pode, ao invés de falar “Você é muito descomprometido nas suas obrigações!", apenas pontuar "Estou observando que você sempre entrega a documentação na véspera dos prazos, descumprindo o nosso combinado".

Dando prosseguimento à segunda e à terceira etapa da CNV, temos a declaração das emoções na primeira pessoa, acompanhada das necessidades. Ou seja, tomando como norte o exemplo supramencionado, o advogado poderia continuar: "Esse fato me deixa ansioso e frustrado (sentimentos), pois preciso de um tempo razoável para analisar os processos com a qualidade necessária, prestando um serviço de qualidade (necessidade)".

Por fim, a quarta etapa da CNV, com base no exemplo em análise, seria a formulação de um pedido certo, claro e objetivo, qual seja: "Você poderia da próxima vez entregar a documentação solicitada no prazo acordado?".

Não menos importante para um advogado que busca se destacar no mercado seria se aprimorar nas técnicas da comunicação, tais como o exercício da escuta ativa, as perguntas abertas, o resumo, dentre outras.

Saber escutar seu cliente de forma genuína é um estado de presença e indubitavelmente evitará muitos dissabores. Escuta ativa significa separar aquele atendimento de fato para o seu cliente, sem olhar o relógio preocupado com a próxima reunião ou audiência, nem o computador. É olho no olho, é tratamento individualizado.

O advogado que sabe usar as técnicas da comunicação, no momento oportuno, entende melhor seu cliente e sabe acessar seus reais interesses através das posições iniciais, prestando um serviço de excelência.

O advogado que sabe abordar seu cliente desde o primeiro atendimento com as técnicas da comunicação oportunas, com perguntas abertas, que não ensejem mero sim ou não, procurando sempre fazer um resumo de tudo que foi acordado entre eles para evitar futuros mal-entendidos na relação profissional, indubitavelmente oferecerá um serviço diferenciado.

Ademais, o advogado especializado nas técnicas da comunicação tem maior chance de visualizar o interesse de todos os envolvidos em uma mesa de negociação judicial e extrajudicial, e buscar soluções criativas, que visem benefícios para todos os envolvidos, a partir da descoberta dos interesses comuns, ou seja, o ganha-ganha.

Importante também o profissional do Direito se especializar nas técnicas da negociação, a fim de aprimorar sua prática profissional.

Nesse ponto, é essencial desmistificar a ideia defendida por muitos estudantes e profissionais, que entendem que, pelo simples fato de se tornarem bacharéis e advogados, tornam-se especialistas em negociação. A negociação requer estudo e prática e tal matéria é pouco abordada nos cursos de graduação. Possui diversas escolas e classificações adotadas em todo o mundo.

As principais são a negociação distributiva e a colaborativa. Na negociação distributiva, o sentimento beligerante prepondera e, em regra, haverá uma parte vencedora e a outra perdedora, o famoso ganha-perde.

Já nas negociações colaborativas ou cooperativas, visa-se ao ganha-ganha, com a descoberta dos interesses comuns dos negociantes através das posições iniciais. Para tanto, a busca de soluções criativas é um elemento imprescindível. Em regra, buscam preservar relações continuadas.

Para o advogado que visa se inserir no sistema multiportas e estar na vanguarda da advocacia, o método de negociação mais adequado é o cooperativo ou colaborativo, estudado pela Escola de Negociação de Harvard, que tem William Ury como seu coordenador e um dos principais difusores.

A negociação cooperativa é estudada através de etapas e princípios, e visa, em síntese, à transformação de oponentes em aliados, para unirem suas forças, pelo menos temporariamente, e resolverem o que realmente importa: o problema.

William Ury aponta que, em grande parte das negociações de que participou, as posições iniciais dos negociadores não coincidiam com seus verdadeiros interesses, senão observe-se:

> Em minha experiência com negociações, descobri que quase sempre as pessoas conhecem sua posição: "Quero um aumento salarial de 15%." Em geral, porém, elas não refletem em profundidade sobre seus interesses – seus desejos, necessidades, preocupações, medos e aspirações. Querem aumento porque estão interessadas em obter reconhecimento, equiparação, desenvolver a carreira, satisfazer necessidades materiais ou uma combinação de tudo isso? (URY, 2015, p. 24)

O advogado que sabe negociar, negocia melhor também, inclusive seus honorários com seus clientes, valorizando e demonstrando a importância do seu trabalho com base em argumentos claros e critérios objetivos.

Percebe-se assim que o *mindset* do advogado contemporâneo deve caminhar em harmonia com os avanços da legislação pátria, aliada à busca constante de seu aprimoramento profissional.

O primeiro passo para essa mudança é vencer o ego inerente à profissão e saber que o ser humano se encontra em uma constante busca do saber, bem precioso, intransponível e intransferível, que de fato irá destacá-lo como ser humano e profissional.

Referências bibliográficas

ALMEIDA, Tânia. *Caixa de Ferramentas em Mediação*. Aportes práticos e teóricos. São Paulo: Dash, 2014.

BRASIL, Lei nº 13.140, de 26 de junho de 2015. Dispõe sobre a mediação entre particulares como meio de solução de controvérsias e sobre a autocomposição de conflitos no âmbito da administração pública; altera a Lei nº 9.469, de 10 de julho de 1997, e o Decreto nº 70.235, de 6 de março de 1972; e revoga o § 2º do art. 6º da Lei nº 9.469, de 10 de julho de 1997. Diário Oficial da União, Brasília, Seção 1, nº 121, 29.06.2015.

BRASIL, Lei nº 9.394, de 20 de dezembro de 1996. Estabelece as diretrizes e bases da educação nacional. Diário Oficial da União, Brasília, Seção I, nº 248, 23.12.1996.

BRASIL. *Código de Processo Civil Brasileiro*. Brasília: Senado, 2015.

BRASIL. *Constituição da República Federativa do Brasil*. Brasília: Centro Gráfico, 1988.

CÂMARA, Alexandre Freitas. *O novo processo civil brasileiro*. São Paulo: Atlas, 2017.

CURY, Augusto. *Habilidades Cognitivas e Socioemocionais*: por que trabalhar as duas em conjunto. Escola da Inteligência – Educação Socioemocional. Disponível em: https://escoladainteligencia.com.br/blog/habilidadescognitivas/#:~:text=Trata%2Dse%20de%20compet%C3%AAncias%20relacionadas,de%20passarem%20por%20avalia%C3%A7%C3%B5es%20l%C3%B3gicas. Acesso em: 20 nov. 2022.

FIA BUSINESS SCHOLL. *Mindset: O que é, Tipos e Como Desenvolver o Seu*. Disponível em: https://fia.com.br/blog/mindset/#:~:text=Mindset%20%C3%A9%20a%20configura%C3%A7%C3%A3o%20da,o%20que%20faz%20todo%20sentido. Acesso em: 20 nov. 2022.

FISHER, Roger; SHAPIRO, Daniel. *Além da razão*. A força da emoção na solução de conflitos. Rio de Janeiro: Alta Life, 2019.

GARDNER, Howard. *Estruturas da Mente*: a teoria das inteligências múltiplas. Porto Alegre: Artes Médicas: Sul, 1994.

GARDNER, Howard. O nascimento e a difusão de um "Meme". *In*: GARDNER, Howard; CHEN, Jie-Qui; MORAN, Seana. *Inteligências Múltiplas ao Redor do Mundo*. Tradução: Roberto Cataldo Costa e Ronaldo Cataldo Costa. Porto Alegre: Artmed, 2010, p. 16-30.

MECUM, Vade. *Código de Ética e Disciplina da OAB*. 10ª edição, São Paulo: Rideel, 2010.

ROSENBERG, Marshall. *Comunicação não violenta - Técnicas para aprimorar relacionamentos pessoais e profissionais*, 5ª ed. Tradução: Mário Vilela. São Paulo: Ágora, 2021.

SANCHES, Ji. *Inteligência Emocional na Advocacia*. Disponível em: https://www.aurum.com.br/blog/inteligencia-emocional-na-advocacia. Acesso em: 30 nov. 2022.

URY, William. *Como chegar ao sim com você mesmo*. Rio de Janeiro: Sextante, 2015.

URY, William. *Supere o Não. Como Negociar Com Pessoas Difíceis*. São Paulo: Benvirá, 2019.

WALD, Arnoldo. *Advogados consolidam papel de negociador em meio à crise*. Espaço Jurídico Bovespa. Disponível em:< http://www.bmfbovespa.com.br/juridico/noticias-e- Acesso em: 11 dez. 2022.

A contribuição da Comunicação Não Violenta para a comunicação afetiva na construção de uma Cultura de Paz

Cláudia Weyne Melo de Castro

Introdução

A comunicação é uma das habilidades mais valorizadas e mais necessárias atualmente, sendo muito importante tanto no contexto profissional quanto no contexto pessoal. Vivemos em um mundo em que as relações se desenvolvem no formato híbrido e inclusivo, o que requer que a comunicação seja efetiva, sob pena de ocorrerem ruídos durante o processo comunicacional, os quais podem gerar conflitos.

Ocorre que a comunicação, para além de ser efetiva, deve também ser afetiva, o que paradoxalmente permite que cumpra sua finalidade por completo. A comunicação afetiva, que acontece de forma cordial, respeitosa e empática, tem a capacidade de gerar no receptor um melhor acolhimento da mensagem emitida, possibilitando que esta seja recebida de forma positiva.

Por conta de suas características e de seus efeitos, a comunicação afetiva é de grande importância na construção de uma cultura de paz, visto que conflitos são evitados ou os já existentes mais facilmente resolvidos quando as pessoas se comunicam afetivamente, gerando conexão e confiança recíprocas.

Como ferramenta importante para o desenvolvimento de uma comunicação afetiva se destaca a Comunicação Não Violenta (CNV), técnica comunicacional desenvolvida pelo psicólogo Marshall Rosenberg. A CNV ensina como as pessoas podem estabelecer um diálogo positivo e frutífero, no intuito de contar para o outro sobre seus sentimentos e suas necessidades para, então, expressar algo ou fazer um pedido, contribuindo, assim, para solucionar conflitos.

A comunicação como importante *soft skill*

Desde os primórdios da humanidade, os seres humanos recorrem a diferentes formas de se comunicar para fazer com que chegue aos outros a mensagem que querem transmitir. Essa capacidade de comunicação influenciou na evolução do homem como indivíduo e em sociedade.

Atualmente, a comunicação vem ganhando cada vez mais destaque, tendo em vista os tempos tecnológicos vividos, que se caracterizam pela fragilidade, ansiedade, não linearidade e, por fim, pela falta de compreensão – aspectos que marcam o Mundo BANI[13], que sucedeu o Mundo VUCA[14] após a pandemia de Covid-19.

Por isso mesmo, em 2020, em um levantamento global do Linkedin, a comunicação foi eleita como a *soft skill* mais valorizada pelos empregadores, seja qual for a especialidade dos profissionais (BLUM, 2020). Ainda segundo as empresas de recrutamento ZipRecruiter e CareerBuilder, a comunicação se destaca em primeiro lugar como a habilidade mais requisitada pelos empregadores (VALOR INVESTE, 2022).

Soft skills são habilidades comportamentais que dizem respeito à forma

---

13. Mundo BANI é um conceito utilizado para caracterizar a velocidade e a complexidade das mudanças que acontecem no ambiente. A sigla BANI significa *Brittle* (Frágil), *Anxious* (Ansioso), *Nonlinear* (Não linear) e *Incomprehensible* (Incompreensível).

14. Mundo VUCA é aquele que tem como características mudanças inesperadas e a rapidez com a qual elas acontecem. O termo VUCA vem de *Volatility* (Volatilidade), *Uncertainty* (Incerteza), *Complexity* (Complexidade) e *Ambiguity* (Ambiguidade).

como colaboradores interagem com os outros e consigo mesmo nas mais diversas situações.

De fato, saber se comunicar em uma sociedade instantânea e fugaz de forma efetiva torna-se cada vez mais importante em um mundo em que os diálogos se dão muitas vezes por textos trocados em aplicativos de mensagens instantâneas ou áudios que podem ser acelerados para que o tempo gasto na comunicação seja o menor possível.

Como já mencionado na Introdução, deve ser ressaltado que ganha cada vez mais destaque a ideia de que a comunicação, além de ser efetiva, deve ser afetiva. Isto porque, quando a afetividade faz parte do processo comunicacional, a mensagem transmitida é assimilada, aceita e acolhida melhor pelo outro. Consequentemente, é recebida de forma mais positiva pelo seu receptor.

A comunicação afetiva acontece quando comportamentos verbais e não verbais transmitem uma mensagem de forma cooperativa, respeitosa e empática, possibilitando que o interlocutor se sinta confortável. A presença de afetividade no processo de comunicação conecta as pessoas e produz nelas um clima de confiança. Se a comunicação não possui essas características, pode ser geradora de estresse e, pior, de conflito.

A importância da comunicação afetiva na Cultura de Paz

A Cultura de Paz, como movimento, teve início em 1999, através da UNESCO (Organização das Nações Unidas para a Educação, a Ciência e a Cultura), com o objetivo de prevenir situações capazes de ameaçar a paz e a segurança. Para tanto, utiliza como recurso nesse trabalho a conscientização, a educação e a prevenção. Baseia-se na prática da não violência, agindo através do diálogo e da cooperação.

Marlova Noleto, coordenadora de Ciências Humanas e Sociais da UNESCO no Brasil em 2010, ao falar sobre a construção da Cultura de Paz, no livro *Cultura de Paz: da reflexão à ação*, esclarece sobre o tema:

> A cultura de paz está intrinsecamente relacionada à prevenção e à resolução não violenta dos conflitos. É uma cultura baseada em tolerância e solidariedade, uma cultura que respeita todos os direitos individuais, que assegura e sustenta a liberdade de opinião e que se empenha em prevenir conflitos, resolvendo-os em suas fontes, que englobam novas ameaças não militares para a paz e para a segurança, como a exclusão, a pobreza extrema e a degradação ambiental. A cultura de paz procura resolver os problemas por meio do diálogo, da negociação e da mediação, de forma a tornar a guerra e a violência inviáveis. (DISKIN; NOLETO, 2010, p. 11)

A comunicação afetiva, uma vez que acontece de forma cooperativa, contribui para o fortalecimento e a expansão da Cultura de Paz, tanto de forma preventiva como de forma resolutiva.

Comunicar-se afetivamente implica comunicar-se de forma respeitosa e empática, gerando conexão e confiança. Ou seja, através da comunicação afetiva estabelece-se um vínculo que pode ser momentâneo ou perene, mas sempre fértil para a expressão e escuta honestas, que vão provocar, como consequência, uma melhor compreensão entre aqueles que se comunicam. Melhor compreensão significa menos conflito e mais compassividade, consequentemente mais paz.

Desta forma, a comunicação afetiva age preventivamente, evitando o surgimento de desentendimentos que possam abalar a harmonia estabelecida. No entanto, ela pode também vir em socorro de relações afetadas por algum tipo de conflito, contribuindo para que este seja resolvido e a comunicação entre as pessoas conflitantes seja restabelecida. Em outras palavras, a comunicação afetiva é uma importante aliada na solução de controvérsias.

É de conhecimento amplo que os conflitos podem ser geridos e solucionados através de diversos métodos e técnicas, de forma consensual ou não, e com ou sem a ajuda do Judiciário.

O que se destaca nesse momento são os benefícios que a utilização da comunicação afetiva em todos esses métodos pode trazer para a gestão dos conflitos em si e, por consequência natural, para os envolvidos na controvérsia.

Essa forma de se comunicar permite que pessoas com relações muitas vezes rompidas e sem qualquer forma de comunicação sejam capazes de ouvir umas às outras e compreender os sentimentos, interesses e necessidades envolvidos nos conflitos aparentes e subjacentes.

Percebe-se, assim, que a comunicação afetiva é uma habilidade importante e necessária, quiçá essencial, não só para todos os profissionais no desenvolvimento dos seus ofícios, como também para as pessoas em geral, vez que ela contribui para um mundo pacífico e compassivo.

A Comunicação Não Violenta como ferramenta para o exercício da comunicação afetiva

A Comunicação Não Violenta, popularmente conhecida como CNV, é uma técnica comunicacional que se fundamenta na expressão honesta e na escuta empática para levar ao conhecimento interpessoal ou intrapessoal sentimentos e necessidades que estão vivos em determinado momento, tornando a pessoa capaz de expressar algo ou fazer um pedido.

A CNV foi desenvolvida por Marshall Rosenberg, psicólogo com PhD em Psicologia Clínica pela Universidade de Wisconsin – Madison, que durante toda a sua vida buscou compreender por que algumas pessoas agiam de forma violenta por conta de religião ou raça, por exemplo, enquanto outras agiam de forma amorosa e respeitosa para com os outros altruisticamente.

Essa inquietação de Marshall Rosenberg foi consequência de alguns acontecimentos traumáticos durante sua vida, que o tornaram questionador sobre a forma de agir do ser humano.

Quando criança, o autor em questão mudou-se com seus pais para Detroit, Michigan, pouco antes dos Distúrbios Raciais de 1934. Teve que ficar escondido em casa com sua família durante quatro dias, período em que foram assassinadas trinta pessoas no seu bairro, no qual moravam predominantemente pessoas negras.

Outro acontecimento marcante na vida de Marshall Rosenberg ocorreu quando ele apanhou na saída da escola de colegas de sala de aula, que perceberam que ele era judeu por conta do seu sobrenome ecoado pelo professor na hora da chamada.

Para ele, era muito difícil entender essa violência fundamentada em questões de raça, religião, cor de pele, entre outros motivos. Ao mesmo tempo, Rosenberg testemunhava o amor e solidariedade que seu tio demonstrava, quando todos os dias via este homem ajudar sua mãe com os cuidados necessários à sua avó.

Todas as suas formações e pesquisas foram realizadas com o objetivo de entender o que levava o homem a agir de forma violenta. Além da psicologia, buscou no estudo da religião e nas pesquisas sobre as características dos relacionamentos terapêuticos de Carl Rogers as respostas para os seus questionamentos.

Foi quando estudava os fatores que afetam a capacidade das pessoas de serem compassivas que Marshall Rosenberg percebeu o papel essencial e definitivo da linguagem e do uso das palavras. Neste momento, ele começou a desenvolver a Comunicação Não Violenta, que hoje se confunde como técnica, ferramenta e modo de vida.

A Comunicação Não Violenta baseia-se na expressão honesta e na escuta empática como forma de transmitir e receber a mensagem, respectivamente, sendo estas realizadas através dos quatro elementos da CNV: observação, sentimento, necessidade e pedido.

Essa forma de se comunicar permite que as pessoas se identifiquem como iguais, visto que todos nós possuímos as mesmas necessidades humanas básicas. Identificando-se como semelhantes e, por isso, percebendo-se como detentores dos mesmos direitos e deveres, acontece a conexão entre os interlocutores, a qual será a ponte para a construção da compreensão, da compaixão e da solidariedade.

Nesse processo da Comunicação Não Violenta, é essencial que a escuta aconteça de forma empática, para que a mensagem transmitida alcance integralmente o seu receptor.

A escuta empática é aquela que acontece intencionalmente, o que quer dizer que deve ser feita com presença e atenção, de forma que se possa perceber na mensagem os quatro componentes da CNV já mencionados.

Importante ressaltar que escutar empaticamente é escutar sem fazer julgamentos, interrupções ou perguntas por curiosidade. Também é essencial que não haja falas competitivas pelo sofrimento ou acusações sobre o tema do diálogo (culpabilização e críticas).

Os benefícios da escuta empática vão além da captação integral da mensagem. Ela possibilita que as pessoas se conectem consigo mesmas e com suas próprias necessidades, bem como auxilia o despertar da sabedoria tanto daquele que fala como daquele que escuta.

Ademais, quando as pessoas recebem empatia através dessa escuta qualificada e passam por esse processo de autopercepção e de autoconexão, elas desenvolvem sua autonomia empoderando-se e tornando-se capazes de fazer escolhas conscientes.

Para além disso, as habilidades de comunicação desenvolvidas a partir da CNV intensificam a capacidade de as pessoas manterem seu senso de humanidade em situações adversas, o que converte a Comunicação Não Violenta em uma forte aliada tanto na prevenção quanto na resolução de conflitos.

De fato, a Comunicação Não Violenta é uma ferramenta poderosa para diversos meios adequados de solução de conflitos, dentre eles a mediação e os círculos de paz.

Isto porque é uma técnica de comunicação que promove a conexão entre as pessoas e contribui para que os envolvidos no conflito contem sobre seus interesses e necessidades.

Uma vez que as pessoas se conectam falando dos seus sentimentos e percebem-se como iguais a partir de suas humanidades, encorajam-se para se vulnerabilizar contando dos seus interesses e necessidades que estão desatendidas no momento. Assim, se empoderam para pedir a contribuição do outro para que possam ver supridas essas necessidades. Desta forma, fica mais fácil que as pessoas envolvidas na controvérsia consigam fazer escolhas conscientes e elaborem estratégias para solucionar o conflito em questão.

Comunicar-se através da CNV é um caminho para que essa necessidade desatendida seja comunicada de maneira positiva e construtiva e, assim, a violência, antes naturalizada, deixe de existir.

Logo, tendo em vista as características acima relacionadas, percebe-se quão poderosa é a Comunicação Não Violenta como ferramenta para o desenvolvimento da comunicação afetiva explorada nos pontos anteriores e, consequentemente, para a construção de uma cultura de paz.

Saber se comunicar no mundo tecnológico em que vivemos hoje é de grande importância, considerando a facilidade com que as mensagens podem ganhar ruídos durante sua trajetória até o seu receptor, criando conflitos desnecessariamente.

Especificamente em relação ao contexto profissional, a habilidade de se comunicar assume especial importância no trabalho em formato híbrido, que apresentou um notável incremento após a pandemia de Covid-19.

Em uma empresa em que as relações se dão em ambientes virtuais, torna-se essencial atentar para a forma como os colaboradores se comunicam entre si, com vistas a evitar conflitos e sensações desconfortáveis no ambiente de trabalho, o que pode, inclusive, afetar a produtividade dos funcionários e da empresa.

Além disso, estamos em uma era em que se prestigia a inclusão das diversidades e a equidade, dentro das empresas e corporações. Diante disso, é necessária uma comunicação que seja efetiva e alcance os mais diversos tipos de pessoas e, para uma comunicação ser efetiva, ela deve ser afetiva.

Portanto, uma vez que se comunicar afetivamente é comunicar-se com empatia e respeito, contribuindo para o estabelecimento de uma conexão, muito grande será o contributo da Comunicação Não Violenta nesse processo, já que essa técnica ensina as pessoas a se comunicar preservando exatamente essas características.

Ademais, como consequência natural desse processo de comunicação respeitoso, inclusivo e empoderador, tem-se a prevenção de conflitos ou a sua resolução de maneira rápida e compassiva. Consequentemente, tem-se também a construção e o fortalecimento da cultura de paz.

Conclusão

Sendo uma das habilidades mais valorizadas atualmente nas relações pessoais e profissionais, a comunicação deve acontecer de forma efetiva para que os objetivos que propõe sejam alcançados.

Além de ser efetiva, a comunicação deve ser também afetiva, ou seja, deve acontecer de forma cooperativa, empática e respeitosa, de forma que, dessa maneira, possa gerar conexão e confiança entre os interlocutores, bem como possa ser recebida de forma positiva pelo receptor da mensagem.

Logo, uma comunicação efetiva e afetiva contribuirá para a construção de uma Cultura de Paz, na medida em que conflitos serão evitados a partir dessa maneira compassiva de se comunicar.

Uma grande aliada para a comunicação afetiva é a CNV, que, através de suas técnicas, possibilita que as pessoas se vulnerabilizem com segurança e possam, assim, contar dos seus sentimentos e necessidades, para então expressar algo ou fazer um pedido.

Dessa maneira, conflitos já instalados podem ser resolvidos e outros podem ser evitados à medida que essa forma de se comunicar gera conexão e confiança, construindo pontes ao invés de muros entre as pessoas que, ao se identificarem em sua humanidade e suas necessidades, podem elaborar estratégias e fazer escolhas conscientes para solucionar a controvérsia em questão.

Percebe-se, então, que a CNV é uma ferramenta que pode e deve ser utilizada para que a comunicação ocorra afetivamente e efetivamente, evitando conflitos por ruídos geradores de distúrbios da paz social.

Além disso, a técnica comunicacional desenvolvida por Marshall Rosenberg, por si só e como coadjuvante da comunicação afetiva, contribui para que a resolução de conflitos aconteça de forma compassiva e positiva.

Diante de todo o exposto, percebe-se que a comunicação, importante habilidade no mundo atual, quando desenvolvida afetivamente – o que pode ser feito com a ajuda da CNV –, conecta as pessoas, gerando confiança entre elas, desempenhando, assim, papel importante na construção da Cultura de Paz e da Não Violência.

Referências bibliográficas

BLUM, Bárbara. Comunicação vira a habilidade mais valorizada por empregadores. *Folha de S. Paulo*, São Paulo, 2020. Disponível em: < https://www1.folha.uol.com.br/sobretudo/carreiras/2020/08/comunicacao-vira-a-habilidade-mais-valorizada-por-empregadores.shtml>. Acesso em: 08 abr. de 2023.

CLEMENTINO, Adriana; SOUZA, Claudia; HITO, Silvia. *A comunicação afetiva na humanização de cursos a distância*. Disponível em: <http://www.abed.org.br/congresso2020/anais/trabalhos/56901.pdf>. Acesso em: 08 abr. de 2023.

DISKIN, Lia; NOLETO, Marlova. *Cultura de paz: da reflexão à ação*: balanço da Década Internacional da Promoção da Cultura de Paz e Não Violência em Benefício das Crianças no Mundo. Brasília: UNESCO; São Paulo: Associação Palas Athena, 2010. 256 p.

LASATER, Ike. *Comunicação Não Violenta no trabalho:* um guia prático para se comunicar com eficácia e empatia. São José dos Campos: Colab Colibri, 2020. 208 p.

OLIVEIRA, Carla *et al*. *6 passos para uma comunicação efetiva e afetiva*. Brasília: Associação Nacional de Educação Católica do Brasil – ANEC, 2020. 62 p.

ROSENBERG, Marshall B. *Comunicação não-violenta: técnicas para aprimorar relacionamentos pessoais e profissionais*. São Paulo: Ágora, 2006. 298 p.

ROSENBERG, Marshall B. *A linguagem da paz em um mundo de conflitos: sua próxima fala mudará seu mundo*. São Paulo, Palas Athena, 2019. 206 p.

TRENTO, Francisco; VENANZONI, Thiago. Afetos contemporâneos e comunicação. *Rumores*. Número 16. Volume 8. Julho-dezembro de 2014. P. 109 a 128. Disponível em: <https://www.revistas.usp.br/Rumores/article/view/89641/92454.> Acesso em: 07 abr. de 2023.

VALOR INVESTE. *Veja as 8 habilidades mais procuradas por empregadores em um currículo*. 15/07/2022. Disponível em: <https://valorinveste.globo.com/objetivo/empreenda-se/noticia/2022/07/15/veja-as-8-habilidades-mais-procuradas-por-empregadores-em-um-curriculo.ghtml>. Acesso em: 08 abr. de 2023.

Habilidades socioemocionais a serviço da advocacia

Fernanda Francisca Veras Carvalho

Introdução

O futuro do trabalho, ressaltado no relatório do Fórum Mundial de Economia, de outubro de 2020, nos encaminha para uma reflexão sobre temas que promovem mudanças nas profissões e o recorte para o presente artigo é o avanço da automatização de tarefas por meio da inteligência artificial e a necessidade do desenvolvimento de habilidades socioemocionais, as chamadas *soft skills*.

No caso da advocacia, o advogado[15] vem sendo incentivado, pelas novidades no ordenamento jurídico, a ampliar o entendimento de sua prática para além do saber objetivo, calcado no arcabouço técnico-jurídico, e buscar compreender as necessidades das pessoas que lhes procuram, baseado em demandas subjetivas. Ademais, suas habilidades técnicas, aprendidas na formação acadêmica, atualmente podem ser acessadas por *law softwares*, de forma que ele, por meio de um atendimento humanizado, pode se diferenciar por possuir habilidades socioemocionais.

O objetivo deste artigo é discorrer sobre *soft skills* na prática advocatícia, que ajudam a promover ao advogado melhor compreensão acerca das demandas dos seus clientes e garantir-lhe sustentabilidade segundo as exigências do mercado futuro de trabalho.

---

15. O uso do substantivo masculino advogado é tão somente em respeito à norma culta vigente. Refiro-me igualmente à advogada, hoje maioria nos quadros da Ordem dos Advogados do Brasil.

Uma advocacia diferenciada em tempos de inteligência artificial

À medida que as sociedades evoluem, as tecnologias são desenvolvidas no sentido de proporcionar automatização de tarefas, aumento de eficiência, eficácia e produtividade, atingimento de metas e objetivos e celeridade na resolução das demandas que vão surgindo no dia a dia, seja em ambientes familiares, seja organizacionais.

A aplicação dessas inovações atingiu igualmente o Judiciário brasileiro. A inteligência artificial é utilizada em escritórios advocatícios e em tribunais, a exemplo do Projeto Sócrates, implementado em 2019, pelo Superior Tribunal de Justiça (STJ), cujo *software*

> faz análise semântica das peças processuais, identificando casos com matérias semelhantes e pesquisando julgamentos no tribunal que possam servir de precedente para o julgamento do processo em questão. (SOUZA, 2023)

Complementando essas iniciativas de inteligência artificial para melhorar a entrega dos serviços jurídicos e os resultados operacionais, os holofotes se voltam para o desenvolvimento de habilidades socioemocionais, as *soft skills*, que significam uma diferenciação no atendimento do profissional do Direito.

Sob a perspectiva do estabelecimento do diálogo e da busca por melhor gestão do conflito por todos os envolvidos, bem como pela qualidade na própria interação com o outro profissional do Direito, as *soft skills* são ferramentas necessárias para o advogado contemporâneo.

Devido à formação acadêmica, o advogado é levado a entender a realização da Justiça pelo caminho beligerante, pelo pensamento cartesiano do certo e errado, culpado e inocente, devedor e credor. Dessa forma, se torna um desafio processar essa mudança de postura profissional para agregar, em sua prática, outros métodos de resolução de conflitos que não somente entrar pela porta do Judiciário.

O Conselho Nacional do Ministério da Educação, na forma do Parecer CNE/CES nº 635/2018, estabeleceu novas diretrizes nacionais para a graduação de Direito, com as quais as instituições de ensino deverão cumprir grade obrigatória para garantir a capacitação de seus alunos em quatorze competências, com destaque para

> (...) desenvolver a cultura do diálogo e o uso de meios consensuais de solução de conflitos, aceitar a diversidade e o pluralismo cultural; possuir o domínio de tecnologias e métodos para permanente compreensão e aplicação do Direito; desenvolver a capacidade de trabalhar em grupos formados por profissionais do Direito ou de caráter interdisciplinar; desenvolver a capacidade de utilizar as novas tecnologias da área do conhecimento e apreender conceitos deontológico-profissionais, desenvolvendo perspectivas transversais sobre direitos humanos. (BRASIL CNE/CES 635/2018, art. 4º)

Pelo disposto, com essa nova dinâmica de ensino acadêmico e prática advocatícia, a expectativa é que o profissional do Direito adquira competências e habilidades para entender o conflito de forma ampliada, agregando, além do conhecimento jurídico, outros saberes à sua atuação profissional, observando o perfil do seu cliente e das demais pessoas envolvidas no conflito, o contexto vivenciado e, conforme a natureza da matéria, escolher junto com o cliente o método mais adequado para a solução daquele conflito.

Segundo Fritjof Capra,

> Do ponto de vista dos saberes, a Física do século XX foi a primeira disciplina em que os cientistas experimentaram mudanças dramáticas em suas ideias e conceitos básicos – uma mudança de paradigma da visão de mundo mecanicista de Descartes e Newton para uma concepção holística e sistêmica da realidade. (2014, p. 355)

No caso do Direito, muitas mudanças vêm procedendo ao longo dos anos, impulsionadas pelas demandas da sociedade, com reflexo no ordenamento jurídico. Nessa perspectiva de atuação advocatícia diferenciada, trata-se de conjugar o saber técnico-jurídico, as tecnologias da inteligência artificial e um olhar para as intersubjetividades das pessoas envolvidas no conflito.

Segundo Sheila McNamee,

> ao evitar o discurso da abstração (certo/errado, bom/ruim, saudável/não saudável), um profissional pode entrar em uma posição de curiosidade generativa onde novas formas de entendimento emergem. (2018, p. 91)

Nessa postura, o advogado contemporâneo, identificado com uma advocacia diferenciada, vai ele próprio exercer a escuta ativa para melhor compreender o cliente, incentivar as pessoas conflitantes para que façam o mesmo, numa atitude de respeito pelas diferenças, além de formular perguntas reflexivas aos clientes.

Complementa McNamee (2018, p. 91) que "essa investigação autorreflexiva abre para a possibilidade de construções alternativas, transformando assim a natureza da interação", sob ajuda do profissional do Direito que conduz o caso junto com os clientes, e não pelos clientes.

Corrobora Marilene A. Grandesso, afirmando que

> outro salto qualitativo que se configurou como uma mudança significativa na compreensão dos dilemas que as pessoas vivem, veio do pensamento sistêmico, caracterizando uma mudança paradigmática que resultou no deslocamento do foco no indivíduo para uma orientação relacional. (...) uma porta foi aberta para se considerar os contextos, os processos e as relações, ampliando o foco de interesse para além dos indivíduos. (2018, p.152)

Entende-se que a existência de conflitos é inerente às relações humanas, pois as pessoas interagem o tempo todo. O que se almeja, nessa nova postura profissional, é que o advogado não tome para si o problema do cliente. Isso ajuda na autoimplicação dos clientes no que estão vivenciando, bem como numa autoimplicação na busca pela solução para o problema, sob o princípio da autonomia das pessoas e capacidade emancipatória de autocomposição, e sob a orientação jurídica do advogado.

Pelo disposto e para concluir esta seção que aborda sobretudo a mudança de postura profissional do advogado, que inclui considerar o contexto relacional e não somente as questões individuais isoladas do cliente, abordamos a dinâmica neural dos relacionamentos humanos.

Para Daniel Goleman, as pessoas se conectam pelo que ele denominou por "cérebro social". Em seu livro *Inteligência Social*, ele nos fala que

> nossas interações sociais chegam mesmo a moldar o cérebro por meio da "neuroplasticidade", o que significa que experiências repetidas esculpem a forma, o tamanho e o número de neurônios e suas ligações sinápticas. De fato, mágoas crônicas ou relacionamentos positivos com pessoas com as quais nos relacionamos diariamente ao longo dos anos podem moldar nosso cérebro. Essas novas descobertas revelam que nossos relacionamentos têm um impacto sutil, porém poderoso e duradouro, sobre nós. Tal notícia pode ser inoportuna para pessoas com relacionamentos negativos. Mas a mesma descoberta também aponta para as possibilidades reparadoras de nossas conexões pessoais em algum momento da vida. (2011, p.19)

Descobertas científicas e novos conhecimentos podem agregar à atuação advocatícia um atendimento de excelência, diferenciado e humanizado nestes tempos de inteligência artificial e projeção para o futuro.

Na próxima seção serão abordadas algumas das *soft skills* que podem ser desenvolvidas pelo profissional de Direito.

Habilidades socioemocionais no exercício da advocacia

Na seção anterior, destacamos a mudança de paradigma do pensamento cartesiano para o pensamento complexo comum às ciências humanas e sociais, que entendem a importância de abordar o objeto sob estudo em seus contextos relacionais. Tais ciências adotam o pressuposto das intersubjetividades e complexidade, corroboradas pelas descobertas neurológicas que identificaram alterações cerebrais advindas do meio social, demonstrando a neuroplasticidade do cérebro, a partir dos estímulos das interrelações sociais.

Segundo Maria José Esteves Vasconcellos

> para pensar complexamente, precisamos mudar crenças muito básicas em vez de acreditar que vamos ter como objeto de estudo o elemento, ou o indivíduo, e que teremos de delimitá-lo muito bem; precisamos passar a acreditar que estudaremos ou trabalharemos com o objeto em contexto. (2018, p.111)

Os profissionais do Direito estão sendo convidados a conhecer novos caminhos de atuação que lhes compelem a desenvolver competências intrapessoais e interpessoais, permitindo que enxerguem além do Direito material e do processo judicial e observem, de forma holística e complexa, a demanda do cliente.

Como já pontuado, torna-se um desafio para os advogados. Pela etimologia da palavra *Advogar*, que em sua origem latina significa "chamar junto a si", são treinados para representar os seus clientes dentro dos tribunais e falar por eles, acostumados com a cultura da sentença do juiz.

A mudança de postura profissional, para incluir em sua prática os métodos autocompositivos com o protagonismo do cliente, ou mesmo trabalhar em equipe interdisciplinar, por exemplo, coloca o advogado diante da necessidade de desenvolver outras habilidades, as chamadas *soft skills*, que

> se referem a habilidades comportamentais relacionadas à maneira como uma pessoa lida com o outro, ou seja, como funciona a interação dela em grupos e, ao mesmo tempo, como ela lida com suas próprias emoções. Quanto mais positivamente o profissional consegue lidar com essas situações ambientais e psicológicas, maiores são suas *soft skills*. (COSTA, 2023, p.1)

Nesse sentido, além de a atuação do advogado ser calcada em suas habilidades técnicas (*hard skills*), voltadas para a explanação do Direito material e processual e seu conhecimento na gestão de plataformas *lawtech*s, serão incluídas em sua prática as suas *soft skills*, que o ajudarão a compreender as necessidades humanas presentes nas lides.

O advogado dará atenção às questões subjetivas e interrelacionais dos seus clientes, e não somente às objetivas que envolvem os conflitos, visto que estas últimas podem ser plenamente atendidas pelo computador, pela tecnologia da informação e seus aplicativos.

Para tanto, o próprio advogado se sentirá mais bem adaptado à nova postura profissional quando desenvolver seu próprio autoconhecimento, sendo esta a primeira *soft skill* aqui destacada.

O autoconhecimento é o despertar para si mesmo, para sua percepção sobre o conflito, suas crenças e seus valores, formas de lidar com desavenças, em sua vida particular e profissional.

A habilidade de autoconhecimento é importante para o advogado não se identificar com as questões do cliente, devido à sua bagagem inconsciente.

Roger Fisher e Daniel Shapiro (2019, p. 15) nos falam sobre cinco principais interesses que são necessidades humanas presentes, porém não expressas, em praticamente todas as situações em que as pessoas interagem, seja em situações difíceis ou mesmo quando tomam decisões: apreço, associação, autonomia, *status* e função.

Esses autores ressaltam que:

> quando você lida com esses interesses de modo eficaz, pode estimular emoções positivas em si e nos outros. Como esses interesses são universais, é possível mobilizá-los em qualquer momento, até com alguém que acabamos de conhecer. Você se beneficia das emoções positivas sem precisar observar, classificar e determinar a constante dinâmica emocional que atua sobre você e sobre as outras pessoas. (2019, p. 15)

Complementando o autoconhecimento, uma segunda *soft skill* diz respeito a desenvolver habilidades compassivas, ou seja, sentir compaixão pelo outro. Segundo Jéferson Cappellari,

> a compaixão ativa áreas cerebrais associadas a emoções agradáveis, que envolvem sentimentos de conexão e a capacidade de ver da perspectiva de outra pessoa, sem sofrimento. (2022, p.122)

Importante destacar que se trata de conectar-se com o outro e não com o seu sofrimento e, desta forma, manter-se assertivo para ajudá-lo, sem adotar os seus sentimentos.

Avançando no elenco de *soft skills* que ajudam na atuação do advogado, a habilidade de comunicar-se é uma das mais importantes. De forma abrangente, sua capacidade de se expressar e de exercer uma escuta ativa das narrativas dos clientes e outros envolvidos no conflito, ainda que divergentes, é um desafio e requer que seja desenvolvida e praticada no seu dia a dia.

Para Tânia Almeida,

> as narrativas que repetidamente se assentam em fatos negativos ou em acusações podem ser redefinidas sempre que, em sua base, encontrarmos preocupações/necessidades não respeitadas. (2014, p. 291)

A *soft skill* da comunicação nos remete a Marshall Rosenberg, quando ele afirma que:

> somos levados a nos expressar com honestidade e clareza, ao mesmo tempo que damos aos outros uma atenção respeitosa e empática. Em toda troca, acabamos escutando nossas necessidades mais profundas e as dos outros. (2006, p. 22)

Complementando, Rosenberg ressalta que

> a CNV [Comunicação Não Violenta] se baseia em habilidades de linguagem e comunicação que fortalecem a capacidade de continuarmos humanos, mesmo em condições adversas. (2006, p.21)

Conforme Cappellari,

> a conexão se perde quando usamos padrões de linguagem que a CNV identifica como 'Comunicação alienante da vida' – crítica, rótulos, diagnóstico, avaliações, classificação. (2022, p. 139)

A habilidade da negociação é igualmente necessária para a atuação do advogado, podendo ser exercida no âmbito judicial e, sobretudo, na via extrajudicial.

Roger Fisher, William Ury e Bruce Patton desenvolveram um método denominado negociação baseada em princípios com quatro pontos básicos:

> separe as pessoas do problema; concentre-se nos interesses, não nas posições; antes de decidir o que fazer, crie diversas opções com possibilidade de ganhos mútuos; insista em que o resultado se baseie em critérios objetivos. (2018, p.31)

Com essa habilidade, o advogado ajudará o seu cliente a mapear o conflito e gerar soluções.

Por fim, sem detrimento de outras habilidades, trazemos a *soft skill* relacionada à tríade adaptabilidade/flexibilidade/criatividade. Importante a adaptação do atendimento ao caso concreto, ao perfil do cliente, ao contexto relacional, às necessidades do cliente. Com criatividade e flexibilidade, o advogado vai construindo, junto com seu cliente, caminhos para a solução dos conflitos que ultrapassem o seu conhecimento sobre a matéria e sobre o processo jurídico. A adaptabilidade como uma *soft skill* permite que ele amplie a sua visão acerca do conflito e busque as novas formas de atuação e de resolução de conflitos, a exemplo da autocomposição, em consonância com novas possibilidades de trabalho, incluindo a equipe interdisciplinar.

Considerações finais

Diante da utilização da inteligência artificial em diversas práticas profissionais, inclusive no sistema judiciário, o desenvolvimento de competências socioemocionais promove uma advocacia diferenciada, que passa a olhar para as relações e intersubjetividades dos clientes e demais pessoas envolvidas no conflito. A finalidade é compreender, por meio da escuta ativa, as necessidades humanas que estão por trás das narrativas expressas, e não somente os aspectos objetivos. No presente artigo, destacamos as seguintes *soft skills*: autoconhecimento, compaixão, comunicação, negociação e a tríade adaptabilidade/flexibilidade/criatividade.

O aporte multidisciplinar advindo da Psicologia, Neurociência, Finanças, dentre outras, é igualmente importante para desenvolver *soft skills* para o aprimoramento da prática do advogado, além do trabalho em equipe interdisciplinar. Com este artigo, procurou-se ampliar essa reflexão, a fim de considerar os contextos interrelacionais das pessoas que estão em conflito, dentro do paradigma da circularidade e complexidade das narrativas por parte dos clientes e as habilidades que ajudam o advogado a prestar-lhes um atendimento humanizado.

Referências bibliográficas

ALMEIDA, Tânia. *Caixa de Ferramentas em mediação*: aportes práticos e teóricos. São Paulo: Dash, 2014.

BRASIL. Conselho Nacional de Educação. *Parecer CNE/CES Nº: 635/2018*, aprovado em: 4/10/2018. Disponível em: https://normativasconselhos.mec.gov.br/normativa/pdf/CNE_PAR_CNECESN6352018.pdf Acesso em: 16 abr. 2023.

CAPPELLARI, Jéferson. *Comunicação não-violenta: uma jornada da empatia à compaixão*. Curitiba: Santhiago Edições, 2022.

CAPPELLARI, Jéferson. *Comunicação não-violenta. Necessidades Humanas:* um caminho primoroso para a transevolução. Curitiba: Santhiago Edições, 2022.

CAPRA, Fritjof. *A Visão sistêmica da vida:* uma concepção unificada e suas implicações filosóficas, políticas, sociais e econômicas. São Paulo: Cultrix, 2014.

COSTA, Dédila. *Soft skills: o que são, 10 principais exemplos e como desenvolver*. Disponível em: https://www.gupy.io/blog/soft-skills. Acesso: em 16 abr. 2023.

FISHER, Roger; SHAPIRO, Daniel. *Além da Razão:* a força da emoção na solução de conflitos. Rio de Janeiro: Alta Books, 2019.

FISHER, Roger; URY, William; PATTON, Bruce. *Como chegar ao sim – a negociação de acordos sem concessões*. Rio de Janeiro: Sextante, 2018.

FÓRUM ECONÔMICO MUNDIAL (FEM). *O relatório do futuro do trabalho e as competências mais demandadas nos próximos cinco anos*. 2020. Disponível em: https://www.weforum.org/. Acesso em 03 abr. 2023.

GOLEMAN, Daniel. *Inteligência social: o poder das relações humanas*. Tradução: Ana Beatriz Rodrigues. Rio de Janeiro: Elsevier, 2011.

GRANDESSO, Marilene A. *Colaboração e Diálogo: aportes teóricos e possibilidades práticas*. Curitiba: CRV, 2018.

McNAMEE, Sheila. Profissionais como pessoas: encontros dialógicos. *In*: GRANDESSO, Marilene A.(org). *Colaboração e Diálogo: aportes teóricos e possibilidades práticas*. Curitiba: CRV, 2018.

ROSENBERG, Marshall B. *Comunicação não-violenta: técnicas para aprimorar relacionamentos pessoais e profissionais*. São Paulo: Ágora, 2006.

SOUZA, Beatriz Lopes de. *A inteligência artificial e o Poder Judiciário: o cenário brasileiro diante da nova agenda mundial - AB2L*. Disponível em: https://ab2l.org.br/noticias/a-inteligencia-artificial-e-o-poder-judiciario-o-cenario-brasileiro-diante-da-nova-agenda-mundial/. Acesso em: 16 abr. 2023.

VASCONCELLOS, Maria José Esteves. *Pensamento Sistêmico: o novo paradigma da ciência*. Campinas: Papirus, 2018.

Modernidade jurídica: o direito sistêmico como *expertise* filosófica e comportamental do advogado na resolução de controvérsias

Fernanda Rodrigues Feltran

Uma análise da advocacia, tal como a conhecemos

A advocacia, ao longo dos últimos 20 anos, sob a vigência do excesso de formalismo e puro legalismo, se distanciou do real destinatário do Direito e da Justiça: o ser humano.

Passamos a compreender a atuação advocatícia nos processos judiciais com a precisa certeza de que o instrumento de mandato nos concede autorização plena para que, burocraticamente, possamos guerrear em nome dos poderes de quem nos outorga, sem, contudo, olhar para o efetivo propósito de solução do conflito apresentado.

Deflagrada, desta feita, uma prática jurídica morosa e litigiosa baseada em decisões estratégicas, reuniões, audiências e peças processuais bélicas, muitas fulcradas em argumentos fantasiosos, em que a *expertise* técnica e jurídica se sobrepõe à vontade dos próprios outorgantes, instigando um ambiente de adversariedade judicial tóxica e impregnando o Poder Judiciário de processos infindáveis. Audiências eivadas de intrigas dispensáveis e peças processuais que se revestem de sentimentos nem sempre originários da parte, transcritos por defensores, que, por formação acadêmica, carregam em si a satisfação do combate.

Não à toa, a saúde mental do advogado é questão preocupante e objeto de artigos, palestras e seminários pelos órgãos de representação institucional, já que é perceptível o desenvolvimento de transtornos emocionais no ambiente jurídico, como depressão, ansiedade, pânico e síndrome de *burnout*, mormente no período pós-pandêmico brasileiro, em que se percebe uma multidão de pessoas ansiosas e deprimidas. As pessoas estão mais sensíveis e aguerridas.

O desequilíbrio emocional se instalou no mundo, e vem aumentando no ambiente jurídico, impactando pessoas e gerando consequências diretas nos escritórios e seus advogados, com problemas emocionais, tentativa de suicídios, denúncias de assédio moral e sexual ocorridas em escritórios de advocacia.[16]

A prática da advocacia beligerante se espraiou com magnitude para a gleba cultural, fruto dos ensinamentos acadêmicos que, ainda hoje, revelam a benquerença pela disputa litigiosa de teses jurídicas, mesmo em detrimento de uma boa composição amigável entre as partes.

Imperioso refletir com profundidade sobre os caminhos perfilhados pela advocacia brasileira, hoje formada por uma parcela sensível de profissionais divorciados do sentimento de transformação social, pacificação e solução exitosa de conflitos.

O cenário de uma audiência de instrução aguerrida nos remete ao pensamento de que regressamos aos tempos dos gladiadores. Combates incessantes nas arenas judiciais, usadas para batalhas de teses doutrinárias ou jurisprudenciais, eivadas de jargões jurídicos, sem a escuta devida das partes e sem compreensão do conflito, em nome do puro litígio formal, bélico e burocrático que há décadas permeia o sistema judicial pátrio.

---

16. Cf. https://www.cartacapital.com.br/justica/tentativa-de-suicidio-em-escritorio-de-advocacia-inspira-relatos-de-assedio-no-instagram/. Acesso em: 07 de abr. 2023.

Desafios recursais emergem sob diferentes peças processuais e a luta gladiadora se perpetua no tempo e no espaço, superando gerações e se divorciando do propósito da efetiva solução da controvérsia.

Por séculos, e ainda hoje, muitos juristas acreditam que a labuta jurídica deve centrar-se única e exclusivamente no desafio judicial contencioso com intenção de vitória, a qualquer custo, sobre a parte contrária (a chamada "boa" briga). Investidas agressivas verbais e escritas tornaram-se comuns aos olhos dos tribunais, revelando um certo ar de tensão estrategicamente objetivado.

Especializamo-nos em litigar e fazer prevalecer ideias, mesmo que não se coadunem com o efetivo desejo dos nossos clientes. O direito pelo viés da tese. O direito pelo litígio. O direito pela contenda. Assim foram os ensinamentos de Direito ocidental das últimas décadas. Processos que nascem para perdurar por anos, baixos honorários advocatícios, estado permanente de alto estresse e insatisfação de todos os envolvidos.

O Brasil está mais beligerante e concentra um alto número de processos judiciais em trâmite. Segundo o CNJ (Conselho Nacional de Justiça):

> Total de processos em tramitação no Judiciário brasileiro em 2021: 77,3 milhões. Entre eles, 15,3 milhões (19,8% do total) são processos suspensos, sobrestados ou em arquivo provisório, aguardando alguma situação jurídica futura.
>
> Total de casos novos em 12 meses: 27,7 milhões – crescimento de 10,4% em relação a 2020. Considerando apenas as ações ajuizadas pela primeira vez em 2021, o total é de 19,1 milhões.
>
> Volume de processos suspensos, sobrestados ou em arquivo provisório, aguardando definição jurídica futura em 2021: 15,3 milhões – alta de 9,6% em relação a 2020. (CNJ, 2022)

Portanto, as velhas estruturas do Direito não são mais satisfatórias. É necessário repensá-lo sob o viés da Modernidade. Ressignificar regras e comportamentos conservadores e formais para, de fato, contemplar o conflito posto.

Modernidade jurídica

À luz da urgente necessidade de reflexão atinente à resolução dos conflitos, surgiram nas últimas décadas novas filosofias e abordagens que realçaram a necessidade de avaliar a postura de resolução do advogado, célere e efetiva, das disputas jurídicas pela autocomposição, ou seja, alcance de solução de controvérsia pelas próprias partes, que pode ou não ter a participação de outro agente para auxiliá-las. As partes resolvem o conflito por meio de uma negociação, apoiadas pelos seus advogados. O terceiro, se houver, não determina a resolução do conflito, apenas facilita a comunicação entre os interessados (mediação) ou constrói possibilidades de composição (conciliação).

Novos métodos de solução extrajudicial de disputas emergiram, fazendo renascer o viés da pacificação social e protagonismo das partes. Diplomas como a Resolução nº 125/2010 do Conselho Nacional de Justiça, o Código de Processo Civil de 26 de junho de 2015 e a chamada Lei da Mediação trouxeram novas disposições sobre a autocomposição de conflitos.

O Novo Código de Processo Civil, com as suas modificações, trouxe consigo as importantes demonstrações de uma realidade jurídica moderna, com mudanças profundas, mormente no que pertine ao tratamento adequado de conflitos, à pacificação e à cultura da paz, evidenciando a possibilidade da autonomia da decisão das partes nas relações conflituosas, negociando seus próprios interesses e objetivando entendimento, sem a necessidade da sentença de um juiz de Direito.

Nessa esteira, o uso dos meios extrajudiciais de solução de conflitos trouxe frescor à visão conservadora da solução pela via judicial, facilitando a ideia da construção de possibilidades pelas partes e advogados, formando uma comunidade no processo, com dever de lealdade e boa-fé, em cooperação processual, estatuída no artigo 6º do Código de Processo Civil que dispõe que "todos os sujeitos do processo devem cooperar entre si para que se obtenha, em tempo razoável, decisão de mérito justa e efetiva".

Em um movimento de modernidade jurídica, percebe-se que o processo judicial deixa de ser o exclusivo centro de resolução dos conflitos humanos para ceder espaço ao sistema extrajudicial de resolução de conflitos, que entrega um novo prisma para a solução de controvérsias, tanto no âmbito judicial quanto extrajudicial, alcançando índices satisfatórios. Segundo o CNJ - Conselho Nacional de Justiça:

> CONCILIAÇÃO
>
> Em 2021, o índice de conciliação na fase de execução cresceu para 8,1%, um ponto percentual acima de 2020 - o melhor percentual foi o da Justiça do Trabalho, 12%. Já na fase de conhecimento, o índice de conciliação não retomou os níveis pré-pandemia - foi de 17,4% ano passado, contra 19,8%, dois anos antes.
>
> A conciliação na fase de conhecimento atingiu resultados diversos nos juizados e na justiça comum. Enquanto o índice nos juizados especiais foi de 18,5%, o percentual de acordos nas varas foi de 16,7%. (CNJ, 2022)

Em todos os métodos, algo comum se vislumbra: a possibilidade dada às partes de solucionarem os seus problemas de forma harmoniosa, legítima e satisfativa, sem passar pelas mãos de um terceiro julgador estranho à relação. Uma grande vitória dos novos tempos.

Direito Sistêmico e resolução de controvérsias

Na esteira da transformação da prática jurídica advocatícia dos últimos tempos, surge um novo mister que os moldes tradicionais ainda não albergavam com plenitude: o olhar para os reais conflitos que motivam as partes a buscar a contenda judicial.

Impõe-se então uma nova abordagem e vertente filosófica que objetiva dar às partes a possibilidade de visualização dos reais conflitos, internos e sistêmicos, que as motivaram ao litígio, sob a égide da filosofia sistêmica e fenomenológica, compreendida pelo chamado Direito Sistêmico. Teoria jurídica refinada e dirigida, que, quando aplicada ao Direito, permite ao ser humano tomar a posse das decisões sobre seus conflitos com legitimidade e autonomia. Magnitude filosófica que se coaduna com os preceitos constitucionais de dignidade humana, inclusão e igualdade, prestando força normativa e concreção à Constituição Federal de 1988 e às dimensões de direitos fundamentais.

Como teoria jurídica, o Direito Sistêmico empresta uma nova visão ao Direito, alinhavando preceitos do jusnaturalismo – que têm em mira o direito comum e imanente a todos os homens, universal e anterior ao direito positivo – e do juspositivismo, seguindo o qual fora da lei não há direito.

Trata-se de uma escola de interpretação que analisa os reais fatores que motivam uma pessoa a levar uma demanda até o Poder Judiciário a partir de uma visão humanizada do Direito, que enaltece a autonomia e inteligência das pessoas nas decisões concretas, deixando a cargo de um juiz de Direito, ou mesmo de um árbitro, somente aquilo que lhe realmente compete: questões de alta complexidade que não dispensam o olhar judicial. E, nesse contexto, a abordagem permitirá um processo jurídico mais bem tratado.

Uma visão que considera todas as partes envolvidas e suas inter-relações, a partir de um histórico sistêmico complexo, ou seja, uma mesma fonte de informações interligadas ao conflito. Visão humanista e filosófica que se distancia da visão cartesiana e formalista da advocacia tradicional para alcançar os conflitos das partes que não se mostram num processo judicial, a partir de uma escuta ativa e sem pré-julgamentos. Conflitos muitas vezes ocultos e inconscientes, que podem ser visualizados e trabalhados para o desiderato da resolução da controvérsia, tanto em esfera extrajudicial quanto na contenda judicial.

De forma luzente, o juiz de Direito Sami Storch, inspirado pelos ensinamentos de Bert Hellinger (filósofo que elucidou o uso das Constelações Familiares), trouxe para a seara jurídica uma nova abordagem filosófica sistêmica e fenomenológica, criando, assim, o chamado Direito Sistêmico, uma nova leitura do Direito.

Ainda nesse mister, a Constelação Sistêmica, já conhecida como ciência das relações humanas de Bert Hellinger, na brilhante alma do juiz Sami Storch passou a ser aplicada para auxiliar a elucidação de controvérsias nas relações jurídicas de família perante o Poder Judiciário:

> Em 2004, Sami Storch conheceu as constelações familiares (*Familienstellen*), abordagem criada pelo teólogo, filósofo e psicoterapeuta alemão Bert Hellinger, que estuda as ordens que regem os relacionamentos humanos e suas dinâmicas. Mas foi só em 2010 que oficializou a expressão Direito Sistêmico, ao criar um *blog* homônimo explicando como utiliza este conhecimento no dia a dia da magistratura. Desde então, há exatos dez anos, vem incentivando sua aplicação e estudo em diversas áreas do Direito; gestando e aguardando o momento certo de compartilhar suas experiências num livro. (STORCH; MIGLIARI, 2020, p. 15)

Desde 2004, o Dr. Sami aplica o Direito Sistêmico na vara judicial que conduz, obtendo altos índices de conciliações e encontrando soluções bem-sucedidas com a utilização dos seus princípios e técnicas, conforme informa na sua obra *A Origem do Direito Sistêmico*.

O magistrado foi o primeiro no mundo a utilizar a abordagem sistêmico-fenomenológica para promover conciliações e resoluções de conflitos na Justiça, prática incentivada pelo Conselho Nacional de Justiça - CNJ devido à sua efetividade e aos resultados positivos que reverberam taxas altas de conciliações, tornando o Brasil referência mundial em Direito Sistêmico.

No início, dentro do que a lei permite, Storch começou a adaptar algumas práticas na condução das conciliações, nas audiências e no uso da palavra pelas partes, até o momento em que decidiu promover palestras vivenciais e práticas das chamadas Constelações Familiares (práticas de representação dos conflitos), convidando as partes em litígio para participar e, com isso, obtendo excelentes resultados.

A partir daí, um movimento grandioso começou a percorrer o país, propagando-se por varas judiciais, promotorias de justiça, assistências sociais, delegacias de polícia, e começou também a permear a advocacia brasileira por meio das Comissões de Direito Sistêmico da OAB, que, hoje, somam mais de cem.

O impacto do Direito Sistêmico se deu na advocacia de forma imperiosa, transformando posturas de advogados e renovando sentimentos de pertencimento, colaboração, prosperidade e sucesso na profissão. Isto porque, além de ajudar os clientes, os advogados encontram na filosofia sistêmica conhecimentos de ordem profissional e inteligência emocional que facilitam a compreensão da profissão de forma mais leve, equilibrada e eficaz, algo ainda não ensinado nos bancos acadêmicos.

São novas habilidades e competências comportamentais que elevam a carreira jurídica e o excelente atendimento aos clientes, pois que preconizadas na comunicação consciente, escuta ativa, presença plena e compreensão do contexto sistêmico que circunda o conflito, tendo como foco primordial de percepção o ser humano.

Releva notar que não se trata de um novo ramo codificado do Direito, mas de uma nova abordagem da ciência jurídica, à luz dos ensinamentos da filosofia sistêmica e fenomenológica. Uma nova hermenêutica, ou seja, escola, que tem por objeto a interpretação de relações humanas e textos jurídicos no ambiente judicial.

Como *soft skill*, desenvolve a aptidão comportamental do profissional de coletar informações, com distanciamento e sem julgamentos íntimos, que permeiam o memorial envolvido naquele conflito e as consequências geradas por ele, conhecimento aprimorado pela Teoria Geral dos Sistemas (de Bertalanffy), pelas leis que regem as relações humanas (de Bert Hellinger), pela teoria da morfogênese (Rupert Sheldrake), entre outros conhecimentos voltados para as relações sociais e humanas que ampliam a consciência e aprimoram a atuação dos profissionais do Direito.

Um novo olhar, agora expandido, para o conflito, com a adoção de novas posturas, e a compreensão dos verdadeiros motivos que levam as partes a litigar, por ódio, amor e outras lealdades invisíveis - que se mostram claras, sob essa nova teoria. Informações históricas e sistêmicas que antes eram absorvidas pela extrema formalidade processual e desconsideradas.

Desde 1950, o biólogo alemão Ludwig von Bertalanffy estuda e aperfeiçoa a Teoria Geral dos Sistemas (TGS), a qual visa a elaboração de um modelo científico explicativo do comportamento de um organismo vivo.

> O estudo sistêmico almeja inicialmente avaliar o ser vivo, compreendendo e evidenciando as diferenças entre os sistemas biológicos e físicos, como: sistema respiratório, vascular, urinário, circulatório e como se dá o inter-relacionamento desses para com os sistemas menores, e entre si, além da interação com o sistema maior e, por fim, o que é produzido a partir dessa inteligência relacional. (BERTALANFFY, 2012, p. 47)

Tomando o ser humano como objeto de observação, a partir da Teoria Geral dos Sistemas é possível compreender o funcionamento do sistema maior. Ou seja, o ser humano em totalidade e em uma abordagem sistêmica, que expande a visão para além das partes do corpo e dos órgãos individualizados em inter-relação, para então perceber-se o todo subdividido, e as informações sistêmicas liberadas desse todo, compreendendo o ser humano como um sistema e também como um órgão interfere no funcionamento de outro órgão, e no funcionamento do todo. E, ainda, como esse todo se relaciona com outros sistemas, vale dizer, o conjunto de cada interação sistêmica de uma pessoa se relaciona com o conjunto de outra pessoa e, a partir daí, novas informações surgirão.

Frise-se que em cada sistema humano existe uma memória ancestral e familiar que, quando observada, pode ser diagnosticada pelo que chamamos de ressonância mórfica. Isto porque, segundo a teoria de Sheldrake, cada espécie de ser vivo é dotada de um campo invisível que contém a memória de si e de todos os que vieram antes dele, formando, desta forma, um sistema. Assim, cada sistema humano possui um centro chamado campo morfogenético, que abarca memórias e informações históricas ancestrais, transmitidas de forma geracional, por meio da chamada ressonância mórfica.

Além da herança genética pela qual são transmitidas as características de cada ser vivo, é possível também transferir informações epigenéticas, relacionadas com alterações hereditárias e normalmente reversíveis, não diretamente relacionadas com a sequência do DNA, mas, sim, com o modo como a informação genética é utilizada, ou seja, alterações genéticas transformadas por impactos, conforme explica Marta Lacerda da Cunha:

> O stresse e a exposição a experiências consideradas traumáticas, como fome, guerra, exposição a químicos e até a migração forçada, podem provocar alterações epigenéticas no DNA dos indivíduos afetados. Estas alterações podem ser transmitidas à descendência e às gerações subsequentes sob a forma de modificações tanto a nível físico como psicológico. São apresentados estudos que relacionam

> acontecimentos traumáticos experienciados com a hereditariedade epigenética transgeracional. Com a apresentação de vários estudos baseados na síndroma de stress póstraumático (PTSD), podemos verificar a necessidade de consciencialização do cidadão, em geral, e do profissional de saúde, em particular, para esta temática. Tal, permitirá um maior acompanhamento aos indivíduos que experienciaram situações consideradas traumáticas, de modo a minimizar os efeitos transgeracionais. (CUNHA, 2019, p.3)

Segundo essa teoria, a ambiência tem a capacidade de alterar e até ativar genes silenciados, assim como o contrário, contribuindo para o desenvolvimento de doenças, traumas, fobias, conflitos e posturas transmitidas ou transformadas de forma inconsciente. No ambiente jurídico e judicial, isso faz toda a diferença, já que o que se percebe é que muitas pessoas entram em litígios judiciais pelo viés da ira, da discórdia ou da vingança, sentimentos que às vezes não possuem interligação direta com o objeto da ação processual desejada pela parte.

Não à toa, percebemos na rotina da advocacia familiar, por exemplo, casais que iniciam suas contendas judiciais com um pedido de divórcio, inicialmente amigável, que se torna litigioso, ascende para pedido de guarda de menores, alimentos, regulamentação de visitas, alienação parental e muitas vezes chega à esfera criminal da violência doméstica ou do abuso.

O que se percebe é a inconsciente necessidade que o casal possui de se manter conectado, ainda que pelo litígio, mesmo que essa postura implique graves e sérios prejuízos aos filhos.

O advogado que utiliza a abordagem sistêmica do Direito está aberto para perceber e compreender essa dinâmica havida entre o casal, colhendo e trabalhando estrategicamente as informações históricas epigenéticas transferidas ancestralmente, para ajudar a construir possibilidades de solução adequada para todos os envolvidos, em busca da pacificação.

A partir da compreensão de que um sistema é formado por um conjunto de unidades em interação, formando um todo superior à soma das partes, é possível mover essa cadeia de sistemas. Explica-se: sob a visão sistêmica, tem-se que o objeto de análise deixa de ser somente o fato isolado ou o elemento apresentado. O propósito é olhar todo o sistema em que o conflito se instaurou.

Porém, o Direito Sistêmico não está limitado apenas à visão sistêmica. Alinhava sobremaneira os princípios sistêmicos e fenomenológicos que regem as relações humanas, tracejados por Bert Hellinger, que durante décadas foi observador dos conflitos humanos familiares através das chamadas Constelações Familiares.

Bert Hellinger iniciou seu trabalho de pesquisa sobre o fenômeno da representação em 1978. Antes disso, foi seminarista em uma ordem católica e vivenciou, no exército, a experiência de combate com os nazistas no *front*. Finalizada a guerra, tornou-se padre e pôde dedicar-se aos estudos sobre filosofia e teologia na Universidade de Würzburg, onde se formou em 1951. Como missionário católico, foi enviado para a África do Sul. Lá cumpriu sua missão entre os zulus, onde pôde observar e experienciar intensamente os treinamentos, culturas e dinâmicas de grupos inter-raciais e ecumênicos lá realizados, abrindo-se-lhe uma nova visão sobre as relações humanas. Naquele país, Hellinger desenvolveu-se também na seara da educação, obtendo o título de bacharel de Artes da Universidade da África do Sul e graduando-se em Educação Universitária.

Abandonando o clero na década de 1960, no seu retorno para a Alemanha iniciou sua pesquisa sobre psicanálise, centro em torno do qual gravitaram diferentes saberes e pensamentos filosóficos que fundamentaram o desenvolvimento da sua filosofia sobre as chamadas Ordens do Amor (1998), ou Leis Sistêmicas, ordens invisíveis que regem todas as relações humanas em seus sistemas familiares e que, quando desafiadas, geram consequências aos membros do sistema, reverberando de geração em geração, sistemicamente.

Bert Hellinger experienciou uma nova forma de psicanálise, lapidando pensamentos, experimentando comportamentos humanos em profunda imersão de pesquisa científica e empírica e estudos que lhe permitiram alinhavar o desenvolvimento da sua própria teoria, percorrendo o mundo inteiro com cursos, palestras e treinamentos. Dentre as ideias fundamentais que norteiam o pensamento de Hellinger estão as de Jacob Levy Moreno, Martin Buber e Virgínia Satir, além de influências de pensadores como Carl Gustav Jung – discípulo de Freud e criador da Psicologia Analítica –, Freud e Gunthard Weber (o pioneiro na constelação organizacional) e tantos outros pensadores que contribuíram para a formação da sua teoria *Familienstellen.*

Hellinger costurou diferentes estudos e práticas à experiência vivencial que teve, especialmente no convívio com as tribos zulus, o que lhe permitiu perceber que existem leis inatas à condição humana, as quais regem as relações e que, quando respeitadas, não deixam que conflitos surjam. Denominou-as de "Leis do Amor", também chamadas Ordens do Amor; as quais estão presentes nos sistemas e atuam de forma independente da interferência ou vontade dos indivíduos, exercendo uma força invisível no sistema familiar:

> O dia a dia de muitas famílias mostra que não basta que nos amemos reciprocamente. O amor também precisa de uma ordem, para que possa se desenvolver. Essa ordem nos é preestabelecida. Somente quando sabemos algo sobre as ordens do amor é que podemos superar os obstáculos que, apesar da boa vontade de todos os envolvidos, muitas vezes se colocam no nosso caminho. (HELLINGER, 2019, p. 7)

Nesse sentido, temos como Leis Sistêmicas a lei do pertencimento (todos ocupam um lugar específico dentro de um sistema), a ordem de precedência (os que vieram antes têm lugar de precedência em relação aos que vieram depois) e equilíbrio de troca (entre o dar e receber). A violação dessas normas invisíveis, mesmo que de forma inconsciente, pode gerar consequências ao sistema familiar ou empresarial, gerando conflitos, e a Constelação Sistêmica é o método capaz de captar essa desordem e torná-la visível, permitindo à parte que realinhe seu sistema e tome novas decisões a partir da consciência.

O pensamento de Hellinger se alinha à teoria do já citado biólogo teórico Rupert Sheldrake, que se ocupa do pensamento atinente à *morfogenia*, ou seja, à problemática relativa a como certos elementos se agregam para dar origem a sistemas específicos e com uma forma-característica nova.

E, segundo Hellinger, o que a Constelação Familiar faz? Capta, de forma breve e fenomenológica, toda essa memória ancestral contida no campo mórfico de cada pessoa ou empresa em conflito e, em seguida, a revela, ajudando a solucionar a controvérsia. Ou seja, algo que aconteceu a alguém em uma geração anterior pode gerar sintomas e controvérsias atualmente, imprimindo uma memória inconsciente e conflituosa que afeta todo o sistema, seja ele pessoal, relacional ou judicial. Daqui surge a importância dessa teoria para a prática jurídica.

A visão sistêmica facilita a descoberta consciente dos reais conflitos que movimentam as partes, elevando a comunicação entre elas e favorecendo uma tomada de decisão legítima, vinda da própria parte, que solucionará, muitas vezes, pelas suas próprias mãos, o seu conflito – o que na modernidade jurídica revela autonomia e protagonismo de solução.

A partir da escuta atenciosa das partes e de um centro vazio de julgamentos, o Direito Sistêmico compreende e facilita a visualização do conflito que abastece a crise, investigando as dores que estão ocultas para facilitar um bom diálogo, coordenar discussões em audiências, organizar estratégias e propostas.

> A escuta atenciosa das partes é condição das mais relevantes para ter ciência do real motivo do conflito e um início de caminho a percorrer para alcançar a melhor resposta. (GUILHERME, 2020, p.70)

Na seara autocompositiva extrajudicial, quando as partes passam por um procedimento que visa à solução do conflito pessoal ou empresarial (conciliação, negociação ou mediação) com o suporte da visão sistêmica e fenomenológica, a comunicação se torna mais limpa entre elas, e a chance de acordo é muito mais exitosa. Isso porque a técnica permite que as pessoas visualizem os conflitos internos que as fizeram chegar até a lide. Essa visão faz toda diferença, pois enseja a tomada de consciência do rumo que estão dando às próprias vidas ou empresas em razão do litígio provocado e, a partir daí, transformam conflitos em composições.

A verdade é que, a partir do momento em que essa habilidade é experimentada pelos advogados, as transformações acontecem; pois quando movimentamos algo dentro de um sistema composto por pessoas conectadas, o todo se transforma.

Tamanha é a importância da Constelação Sistêmica na solução de conflitos jurídicos que no momento da publicação deste livro estava em trâmite, pela Câmara dos Deputados, o Projeto de Lei nº 9.444, de 2017, visando à inclusão das Constelações Familiares como instrumento de mediação, conceituando, no seu Artigo 2º, a constelação sistêmica como "a atividade técnica terapêutica exercida por terceiro imparcial sem poder decisório, que, escolhido ou aceito pelas partes, as auxilia e estimula a identificar soluções consensuais para a controvérsia sob um novo olhar sistêmico"[17] e asseverando seus princípios no Artigo 3º.[18]

---

17. PL 9444/2017. Disponível em: https://www.camara.leg.br/proposicoesWeb/prop_mostrarintegra; jsessionid=node0qubk9652piqbyv3dgj7ic3d48417966.node0?codteor=1635223&filename=PL+9444/2017 27/05/2021. Acesso em: 08 abr 2023.

18. Art. 3º A constelação será orientada pelos seguintes princípios:
I – Imparcialidade do constelador; II – informalidade; III – autonomia da vontade das partes; IV – busca da solução do conflito; V – boa-fé.

Segundo o projeto de lei, poderá se submeter à constelação o conflito (ou parte dele) que tenha como objeto de disputa direitos disponíveis ou indisponíveis passíveis de transação (como é o caso de alimentos), podendo versar sobre todo o conflito ou somente parte dele, e ser utilizada antes do procedimento de conciliação ou mediação, a fim de facilitar o processo de resolução de controvérsias. Havendo consenso entre as partes, haverá homologação judicial com a oitiva do Ministério Público.

As informações sobre os conflitos colhidas no campo sistêmico serão lidas de maneira complexa e formarão um caminho de comunicação que facilitará a visualização e tomada de decisão sobre o conflito pelas partes, de forma genuína, autorregulando o sistema e evitando novos conflitos da mesma natureza.

Indispensável salientar que Direito Sistêmico e Constelação Sistêmica não são sinônimos. Engana-se quem trata os termos como análogos e desconhece a importância e individualidade de cada método e filosofia, assim como os destinos de sua aplicação.

A Constelação Familiar é um procedimento sistêmico que ajuda pessoas a ampliarem a consciência sobre dores, emaranhados e conflitos pessoais sistêmicos. Pode ser utilizada terapeuticamente ou como técnica de visualização de conflitos. De forma fenomenológica, muitos fatos, segredos e conflitos transgeracionais são descobertos durante a aplicação da técnica. A visualização da origem desses conflitos em um processo judicial facilita uma nova postura da parte com vistas à solução.

A Constelação Familiar auxilia na averiguação de todo o sistema da pessoa ou empresa, descobrindo e diagnosticando informações, conflitos e sentimentos que a levaram até a disputa jurídica. Informações que estão contidas no campo morfogenético inconsciente de cada ser e que revelam

---

§ 1º Ninguém será obrigado a permanecer em procedimento de constelação.

informações de todo o sistema familiar ou empresarial, impactando em litígios e demandas.

O Direito Sistêmico, por sua vez, conforme já alinhavado, é uma teoria jurídica de interpretação, com fundamentos e princípios próprios, que permite o uso da Constelação Familiar como técnica de visualização do conflito. Todavia, a prática desse procedimento não é imprescindível para a prática filosófica e interpretativa do Direito.

A partir da teoria, é possível ao advogado mapear, de forma humana e livre de julgamentos, o caminho do conflito, disputa pessoal ou corporativa para facilitar a comunicação consciente entre as partes, a avaliação de escolhas e, por conseguinte, a tomada de decisões autocompositivas ou heterocompositivas assertivas e satisfatórias.

Disputar um processo burocrático por anos a fio, com desgaste emocional e financeiro para partes e seus representantes, sem soluções efetivas e satisfatórias, é dinâmica que não perfilha o pensamento jurídico moderno comportamental; e o Direito Sistêmico favorece essa contemporaneidade da busca pela solução rápida, pacífica, eficaz e efetiva, de forma colaborativa e evitando reincidências.

Sabemos que muitos processos concernem a matérias diretamente ligadas à vida familiar das pessoas e seus destinos. Portanto, quem mais teria condição natural para discernir e resolver problemas dessa esfera senão as próprias partes? A título de ilustração, cabe a reflexão: seria mais interessante os pais de um bebê decidirem a guarda (o bem-viver da criança) em harmonia e conscientização ou simplesmente entregar esse destino às mãos de juízes, promotores e assistentes sociais que desconhecem os reais motivos e conflitos que ensejaram tanto o casamento quanto a vida em comum dos pais e a dissolução da sociedade conjugal?

As pessoas perdem o *animus* do litígio quando tomam consciência das dores e conflitos que carregam dentro de si! As chamadas lealdades invisíveis e os emaranhados familiares que transformam um conflito pessoal em um conflito jurídico são sintomas de algo que precisa ser visto. Por isso, a prática é incentivada pelo Conselho Nacional de Justiça – CNJ, rompendo padrões tradicionais e fazendo o Direito avançar de forma disruptiva e humanizada, movendo-se na direção da legitimidade e da autonomia da parte em busca da resolução da disputa, fim primordial do Direito, conforme ensinam Sami Storch e Daniela Migliari:

> Afinal, o que importa no Direito? Toda a forma, todo o processo judicial; todos os mecanismos; as instituições; os institutos jurídicos... tudo isso é acessório. A essência mesmo é resolver conflitos. É pacificar. É fazer que as pessoas possam se unir e aproximar suas compreensões; poder somar ao invés de dividir. (STORCH; MIGLIARI, 2020, p. 47)

Não se questiona a importância e relevância do Poder Judiciário ao aplicar o Direito ao caso concreto, principalmente para contendas que necessitam dilação probatória profunda e contemplação do feito por outras instâncias. Contudo, o cenário atual do Poder Judiciário é o de abarcar demandas de toda sorte, assoberbando juízes, servidores, promotores de justiça, para análise de casos que, independentemente da matéria, devem receber a mesma atenção e valor, justificando a morosidade na entrega da solução da demanda ajuizada.

No entanto, há que se considerar que muitos casos que transitam pelo Poder Judiciário têm potencial de solução pelas próprias partes. É nesse viés de modernidade e solução pacífica que o Direito Sistêmico atua.

Conclusão

O Direito Sistêmico é um campo de conhecimento que amplia a consciência do advogado e transforma a percepção sobre os conceitos jurídicos, propondo a releitura do Direito e da resolução de conflitos com base em áreas do saber filosóficas, humanas e relacionais, até então não albergadas com amplitude pela epistemologia jurídica.

Mais do que a aplicação do simples positivismo, o Direito Sistêmico alcança o real conflito havido entre as partes, facilitando a sua pacificação com base na Teoria Geral dos Sistemas e nas "leis universais" descritas pelo filósofo alemão Bert Hellinger: pertencimento, hierarquia e equilíbrio. Ultrapassa o paradigma cartesiano e puramente legalista, uma vez que a sua observância não deriva exclusivamente do exercício do poder normativo social, mas da própria natureza sistêmica do ser humano.

Teoria inovadora, humanista e tecnológica, em plena conformidade com os ditames da Carta Constitucional de 1988, pois reconhece o ser humano e lhe concede dignidade quando lhe permite observar suas dores e seus conflitos inconscientes com legitimidade para solucionar controvérsias.

Esse campo do saber, fundamentado no estudo das relações humanas, pode e deve ser aplicado em todos os ramos do Direito, pois abre uma visão filosófica e sistêmica para novos aspectos da controvérsia apresentada, visando à sua pacificação e à efetiva satisfação das partes envolvidas.

Diante disso, o desiderato combativo da advocacia contenciosa passa a dar lugar à comunicação consciente, ao diálogo equilibrado, à empatia sistêmica, à cooperação processual e à escuta ativa das partes, norteando estratégias jurídicas não somente pela lei, jurisprudência e doutrina, mas também pelos verdadeiros conflitos apresentados. Uma construção empática e humanizada de postura comportamental e profissional que favorece os advogados que almejam soluções exitosas no cotidiano jurídico.

A pacificação das relações humanas pelo Direito Sistêmico rompe padrões tradicionais e faz o Direito mover-se para a resolução autocompositiva de disputas, condão valioso na seara. Por conta disso, não surpreende o seu espraiamento por diversas áreas sociais e humanas e a aplicação no Poder Judiciário, em escritórios de advocacia e câmaras de mediação e arbitragem em muitas regiões do país, com festejados índices de composições amigáveis.

Observar, perceber e sentir as interações sistêmicas com equilíbrio e inteligência emocional; novas habilidades comportamentais, até então esquecidas na advocacia, que se coadunam com os aspectos da modernidade jurídica. A coleta inteligente de novas informações e características que o Direito, antes, não albergava, e que garantem novas possibilidades de resolução sadia das disputas, em plena consonância com os princípios norteadores da consensualidade.

Contemplar sistemicamente o objeto de atuação jurídica não significa deixar de validar o Direito, a jurisprudência e a lei, mas representa uma nova forma de atuar, preconizando pessoas, processos e sistemas, equalizando direito e comunicação consciente nas relações e humanizando posturas que se unem com os propósitos da resolução.

Uma quebra de padrão mental e cultural! Novas *skills* que ajudam profissionais a sair da postura de pré-julgamento, agressividade e individualismo, para almejar o contexto, visando à melhor solução, que satisfaça de fato os envolvidos e favoreça uma força positiva que afeta o sistema em sua totalidade.

Um salto para fora da pura formalidade para avançar no sentido do pensamento expandido, humanizado, multifacetado e sistêmico em relação às complexidades humanas e jurídicas, dignas da nova era na prática da resolução adequada de conflitos.

Referências bibliográficas

ARISTÓTELES. *Metafísica*. 2. ed. São Paulo: Loyola, 2002.

BARRETO, Gabriela Lima; AMADEI, Miliane; ALVES, Nayara. *Empreendedoras da Lei: as mulheres do Direito em São Paulo*. Fortaleza: G.B., 2021.

BERTALANFFY, Ludwig Von. *Teoria geral dos sistemas*. 6. ed. Petrópolis: Vozes, 2012.

BRASIL. *Constituição da República Federativa do Brasil*. Brasília: Senado Federal, 1988. Disponível em: https://www.planalto.gov.br/ccivil_03/constituicao/constituicao.htm. Acesso em: 02 abr. 2023.

BRASIL. Lei nº 13.105, de 16 de março de 2015. Código de Processo Civil. Disponível em: https://www.planalto.gov.br/ccivil_03/_ato2015-2018/2015/lei/l13105.htm. Acesso em: 02 abr. 2023.

BRASIL. Lei nº 13.140, de 26 de junho de 2015. Dispõe sobre a mediação entre particulares como meio de solução de controvérsias e sobre a autocomposição de conflitos no âmbito da administração pública; altera a Lei nº 9.469, de 10 de julho de 1997, e o Decreto nº 70.235, de 6 de março de 1972; e revoga o § 2º do art. 6º da Lei nº 9.469, de 10 de julho de 1997. Disponível em: https://www.planalto.gov.br/ccivil_03/_ato2015-2018/2015/lei/l13140.htm. Acesso em: 02 abr. 2023.

BANDLER, Richard. *A introdução definitiva à PNL: Como construir uma vida de sucesso*. Rio de Janeiro: Alta Life, 2019.

CÂMARA DOS DEPUTADOS. Projeto de lei nº 9.444, de 2017. Dispõe sobre a inclusão da Constelação Sistêmica como um instrumento de mediação entre particulares, a fim de assistir à solução de controvérsias. Disponível em: https://www.camara.leg.br/proposicoesWeb/prop_mostrarintegra;jsessionid=node0qubk9652piqbyv3dgj7ic3d48417966.node0?codteor=1635223&filename=PL+9444/2017. Acesso em: 27 abr. 2023.

CAPRA, Fritjof. *A teia da vida: uma nova compreensão científica dos sistemas vivos*. São Paulo: Cultrix, 1997.

CARTA CAPITAL. *Tentativa de suicídio em escritório de advocacia inspira relatos de assédio no Instagram*. 25/08/2022. Disponível em: https://www.cartacapital.

com.br/justica/tentativa-de-suicidio-em-escritorio-de-advocacia-inspira-relatos-de-assedio-no-instagram/ Acesso em: 07 abr. 2023.

COMPARATO, Fábio Konder. *A afirmação histórica dos direitos humanos.* 8. ed. São Paulo: Saraiva, 2013.

CONSELHO NACIONAL DE JUSTIÇA. *Estatísticas do Poder Judiciário*. Brasília, DF: CNJ, 2022. Disponível em: https://painel-estatistica.stg.cloud.cnj.jus.br/estatisticas. html. Acesso em: 14 mar. 2023.

CONSELHO NACIONAL DE JUSTIÇA – CNJ (n. d.). *Conciliação*. Brasília: CNJ. Disponível em: https://www.cnj.jus.br/conciliacao-4/#:~:text=Concilia%C3%A7%C3%A3 o%20%C3%A9%20um%20meio%20alternativo, las%20na%20 constru%C3%A7%C3%A3o%20de%20acordo. Acesso em: 24 mar. 2023.

CONSELHO NACIONAL DE JUSTIÇA. Resolução nº 125, de 29 de novembro de 2010. Dispõe sobre a Política Judiciária Nacional de tratamento adequado dos conflitos de interesses no âmbito do Poder Judiciário e dá outras providências. Disponível em: https://www.cnj.jus.br/wp-content/uploads/2014/04/resolucao_125_29112010_23042014190818.pdf. Acesso em: 02 abr. 2023.

CUNHA, Marta Lacerda da. *Hereditariedade Epigenética, Transgeracional.* Monografia de Mestrado Integrado em Ciências Farmacêuticas apresentada à Universidade de Lisboa através da Faculdade de Farmácia, 2019. Disponível em: https://repositorio.ul.pt/bitstream/10451/43384/1/MICF_Marta_Cunha.pdf. Acesso em: 07 abr. 2023.

GOLEMAN, Daniel; BOYATZIS, Richard; MCKEE, Annie. *O poder da inteligência emocional.* Rio de Janeiro: Campus, 2002.

GUILHERME, Luiz Fernando do Vale de Almeida. *Manual de arbitragem e mediação e negociação.* 5. ed. São Paulo: Saraiva Educação, 2020.

HAUSNER, Stephan. *Constelações familiares e o caminho da cura: abordagem da doença sob a perspectiva de uma medicina integral.* São Paulo: Cultrix, 2010.

HELLINGER, Bert. *Ordens do sucesso: êxito na vida êxito na profissão*. Goiânia: Atman, 2011.

HELLINGER, Bert. *Ordens da Ajuda.* Belo Horizonte: Atman, 2020.

HELLINGER, Bert. *O outro jeito de falar*. Patos de Minas: Atman, 2007.

ROSENBERG, Marshall B. *Comunicação não violenta: técnicas para aprimorar relacionamentos pessoais e profissionais*. São Paulo: Agora, 2006.

SCHNEIDER, Jakob Robert. *A prática das constelações familiares*. Patos de Minas: Atman, 2007.

SHELDRAKE, Rupert. *Uma nova ciência da vida: a hipótese da causação formativa e os problemas não resolvidos da biologia*. São Paulo: Cultrix, 2013.

STORCH, Sami; MIGLIARI, Daniela. *A origem do direito sistêmico: pioneiro do movimento de transformação da justiça com as constelações familiares*. Brasília, Tagore: 2020.

TARTUCE, Fernanda. *Mediação nos conflitos civis*. São Paulo: Método, 2015.

Habilidades de negociação e de trabalho em equipe como importantes ferramentas para a Advocacia Colaborativa

Macela Nunes Leal e Cláudia Weyne Melo de Castro

Introdução

Este artigo se propõe a evidenciar as habilidades de negociação e de trabalho em equipe como importantes ferramentas para a Advocacia Colaborativa, em especial no contexto familiar.

Destina-se, ainda, a evidenciar as práticas colaborativas como método adequado no manejo de conflitos, especialmente os familiares, uma vez que os conflitos são multifatoriais e complexos.

Pretende, ainda, demonstrar que as habilidades de negociação e de trabalho em equipe são de fundamental importância para a atuação do advogado moderno, vez que propiciam olhares múltiplos e plurais, permitindo a construção de um acordo que de fato contemple os reais interesses dos envolvidos.

Neste particular, o advogado se apresenta como um gestor de conflitos, dotado de habilidades, cônscio de que o protagonismo é dos conflitantes, auxiliando-os na tomada de decisões seguras, qualificadas e estáveis, conforme as particularidades do conflito, assim como em consonância com as mais diversas relações, dentre as quais as relações familiares.

Do litígio ao consenso: um caminho em construção

Destaca-se que no Brasil ainda está arraigada a cultura do litígio, em que o Poder Judiciário tem grande proeminência como sendo a via primeira na resolução das controvérsias, favorecendo a sua judicialização.

Não resta dúvida de que o fenômeno da judicialização ganhou força com a promulgação da Constituição de 1988, uma Constituição diretiva, a qual traz em seu bojo normas programáticas, isto é, normas que ensejam ações a serem desenvolvidas pelos Poderes Públicos. Ao estabelecer tais normas, surge o dever de agir estatal, de sorte que a não implementação de direitos preconizados, muitas vezes, leva o usuário da Justiça a buscar o Judiciário.

Sob este prisma, cristalizou-se o princípio da inafastabilidade da jurisdição, também conhecido como princípio do acesso à justiça, segundo o qual se estabelece que a lei não excluirá da apreciação do Poder Judiciário lesão ou ameaça a direito, cabendo, dessa forma, ao Judiciário o monopólio da jurisdição. Tal princípio se destina, ainda, ao legislador, que não pode criar obstáculos a quem teve seu direito lesado ou sob ameaça de lesão.

Cumpre observar que todas essas reflexões denotam o quanto a cultura de litígio sobrecarregou o Poder Judiciário, bem assim denota a interferência estatal nas relações privadas, pelo simples fato de os indivíduos transferirem suas dores e seus anseios à solução adjudicada.

Atualmente, tem-se que o conceito de acesso à justiça tem sido revisitado para albergar não somente o acesso à justiça no âmbito formal, como também o acesso à justiça material, sob a perspectiva de efetivação de direitos e adequação, reconhecendo a importância de concretizar os anseios das partes envolvidas. Nesta quadra, evidencia-se a Política Judiciária Nacional de Tratamento Adequado dos Conflitos de interesse no âmbito do Poder Judiciário, instituída pela Resolução nº 125 do Conselho Nacional de Justiça.

A Resolução supracitada estimula a adoção dos mecanismos consensuais de solução de conflitos, em consonância com a cultura do consenso e de pacificação social. Ademais, o Código de Processo Civil de 2015, em seu art. 3º, prevê que "Não se excluirá da apreciação jurisdicional ameaça ou lesão a direito", tratando-se de uma releitura do conceito de acesso à justiça, consentânea com o Estado Democrático de Direito.

Impende compreender que estamos num momento de transição, da cultura do litígio à cultura do consenso, o que implica novos repertórios, no sentido de alcançar as causas dos conflitos, percebendo-os em suas múltiplas facetas. Para tanto, propõe-se buscar outras possibilidades de resolução das controvérsias, contemplando, inclusive, habilidades outras, como a negociação e o trabalho em equipe.

Neste propósito, faremos uma abordagem da atuação do advogado nas práticas colaborativas como método adequado para tratamento de conflitos, particularmente os conflitos familiares.

As Práticas Colaborativas como meio consensual de resolução de conflitos

As Práticas Colaborativas surgiram nos Estados Unidos no início dos anos 1990, quando um renomado advogado norte-americano de direito de família, Stuart Webb, observou os efeitos deletérios dos litígios judiciais, especialmente no que diz respeito ao custo emocional envolvido.

Irresignado, Stuart Webb decidiu se dedicar à advocacia de forma não convencional, envidando esforços para a construção de acordos através do diálogo e de técnicas de mediação de conflitos. Webb criou o pacto ou compromisso de não litigância, segundo o qual os advogados das partes conflitantes comprometem-se a conjugar esforços para a resolução da controvérsia fora do âmbito judicial; porém, caso o processo colaborativo venha a falhar, as partes devem constituir novos causídicos para representá-las em um futuro processo judicial.

Dessa forma, o pacto de litigância favorece a criação de um ambiente seguro, em que os advogados atuam em cooperação, um ao lado do outro, e não um contra o outro, de modo a criar uma atmosfera de confiança e cooperação para o desenvolvimento de soluções benéficas para os envolvidos, uma vez que estes passam a não se preocupar com uma possível ameaça de uma das partes recorrer ao Judiciário. O pacto de não litigância é um dos principais traços das Práticas Colaborativas e constitui o primeiro pilar deste método, que é a abordagem não adversarial.

Adicionalmente, as Práticas Colaborativas evoluíram com a constatação, feita pela psicóloga Peggy Thompson e pela advogada Pauline Tesler, de que era necessária uma equipe de profissionais com diferentes especialidades para alcançar a multifatorialidade do conflito, surgindo, assim, o segundo pilar das Práticas Colaborativas, a abordagem multidisciplinar.

As Práticas Colaborativas, então, constituem um método extrajudicial de resolução de conflitos, de abordagem não adversarial, em que se almeja soluções de benefícios mútuos para os envolvidos. Neste método, os advogados colaborativos, amparados pelo pacto de não litigância, envidarão esforços para a consecução de ajustes viáveis, funcionais e sustentáveis, podendo, inclusive, integrar profissionais de outras áreas, como de saúde mental e de finanças.

As habilidades de negociação e de trabalho em equipe na Advocacia Colaborativa

No processo colaborativo, as partes irão construir a solução do seu conflito, assessoradas juridicamente por seus advogados colaborativos, que trabalharão, em parceria, em prol de uma solução benéfica para ambos, proporcionando segurança jurídica para que os envolvidos tenham autonomia e possam tomar decisões qualificadas.

Uma das principais características do processo colaborativo é o pacto ou compromisso de não litigância, de sorte que a adesão ao termo de não litigância é que proporciona o "colorido" do processo colaborativo.

Isso porque, na prática, a não adesão ao pacto acaba por condicionar o processo a uma negociação tradicional, de soma zero, orientada, não raras vezes, por ameaças, barganhas e blefes, em nada se assemelhando à proposta da Advocacia Colaborativa.

A negociação tradicional assenta-se na premissa de "ganha x perde", ou seja, em uma soma zero, em que nenhuma das partes sai verdadeiramente satisfeita. A opção por uma abordagem adversarial transforma os indivíduos em verdadeiros inimigos, convertendo o processo em um ringue.

No processo colaborativo, por sua vez, a abordagem negocial tem como foco a conjunção de esforços para o desenvolvimento de soluções customizadas, conforme as peculiaridades dos envolvidos. Por essa razão, é desejável que todos os membros da equipe tenham conhecimento de técnicas de mediação e habilidades como inteligência emocional, comunicação não violenta etc.

A habilidade de negociação é extremamente importante para o êxito do processo colaborativo, notadamente a habilidade de conduzir uma negociação do tipo integrativa, de forma a ponderar os mais diversos interesses, conforme os anseios, expectativas e prioridades dos envolvidos.

É importante alertar que alguns advogados se denominam como colaborativos sem aderir ao pacto da não litigância, porém, tecnicamente falando, são advogados com orientação cooperativa e não colaborativos. A atuação do advogado na Advocacia Colaborativa será de aconselhamento jurídico, de assessoramento, e não de representação, como ocorre no processo judicial. O advogado será uma espécie de fio condutor do processo colaborativo sob o viés prospectivo, proporcionando o suporte jurídico esperado, especialmente nos casos de conflitos familiares, auxiliando os membros da família na tomada de decisões qualificadas e seguras.

Nancy J. Cameron, advogada colaborativa, conta que

> Na nova advocacia nosso papel é permitir que nossos clientes sejam determinantes no processo de tomada de decisões, apoiados por seus respectivos advogados, com todas as suas energias voltadas para a solução. (CAMERON, 2019, p.167)

As Práticas Colaborativas possibilitam um caminho construtivo e frutífero na solução das controvérsias, particularmente quando se trata de conflitos familiares, devido aos seus dois pilares sustentadores: a abordagem não adversarial e a abordagem multidisciplinar. Esta última possibilita que o percurso em busca de uma solução comum possa ser feito com o auxílio de profissionais de diferentes especialidades. Explica-se.

O caráter multifacetado dos conflitos exige que sejam percebidos por diferentes ângulos e por diferentes prismas. Para tanto, é necessário que sejam vistos e analisados por diferentes olhares, o que é possível através da participação de profissionais de diferentes especialidades no processo colaborativo.

Esses profissionais formarão, assim, uma equipe interdisciplinar que atuará de forma integrada, juntamente com o advogado colaborativo, sempre em prol de uma solução que compreenda da melhor maneira os interesses e as necessidades dos envolvidos no conflito.

A equipe colaborativa atuará, assim, como uma verdadeira orquestra, em que cada instrumento tem sua finalidade e seu papel no conjunto, que, tocando harmonicamente, entoa uma sinfonia de Beethoven. Ou seja, cada profissional terá sua importância e sua essencialidade no processo colaborativo que resultará em um acordo aplacador de anseios e angústias e supridor de necessidades.

Assim, profissionais de especialidades diferentes podem vir a compor a equipe colaborativa desde o início do processo ou no seu decorrer. As pessoas que comporão este coletivo variam de acordo com as singularidades que o conflito carrega, mas sempre exercerão suas funções interdisciplinarmente em prol de um objetivo comum: o melhor acordo para os seus clientes.

Essa variedade de especialidades trabalhando em equipe para a busca de uma solução comum permite que as decisões tomadas pelas partes envolvidas durante o processo colaborativo sejam decisões informadas, conscientes e, inclusive, realistas no sentido de serem exequíveis. Isso porque essas pessoas estarão sendo acompanhadas por profissionais com conhecimento especializado na área para a qual precisam de apoio e assessoramento.

Dessa forma, os desfechos dos processos colaborativos são acordos criativos e sustentáveis no tempo, uma vez que são construídos e elaborados pelos próprios protagonistas do conflito, que estarão amadurecidos para pactuar o que for necessário, tendo em vista todo o preparo e assessoramento feito pela equipe multidisciplinar na qual se inclui o advogado colaborativo.

Ressalte-se que, em causas familiares, a equipe multidisciplinar das práticas colaborativas proporciona ao sistema familiar um cuidado diferenciado, uma vez que permite que conflitos desse tipo sejam percebidos de forma plural e sistêmica, como também individualmente, através dos olhares dos diferentes profissionais, buscando a transformação do conflito de forma positiva e construtiva, bem como a restruturação familiar.

Afora todas as vantagens concretas já enumeradas sobre o trabalho de uma equipe disciplinar na Advocacia Colaborativa, existe uma contribuição profunda que muitas vezes passa despercebida, mas que impacta em toda a vida futura daqueles que participaram de um processo colaborativo: o desenvolvimento de autonomia e de liberdade na busca de soluções para seus conflitos para além daquele enfrentado durante o processo.

> Desta forma, a multidisciplinaridade busca aumentar a autonomia, dar liberdade para pensar em soluções, evita conflitos eventuais estimulando a participação direta e acolhendo o ser com todo seu potencial. Por isto confio vigorosamente no adequado tratamento dos conflitos como forma de garantir a dignidade, o cuidado e o respeito imprescindíveis devidos ao ser humano, como ser que vive em sociedade e deve agir cooperativamente. (TELLES, 2018, p.11)

Toda a equipe colaborativa assinará o acordo de participação nas Práticas Colaborativas, que prevê, além da confidencialidade e da boa fé, o pacto de não litigância e a cláusula de retirada de equipe, a qual define que todos deverão se retirar do caso em eventual desistência das partes em prosseguir com o processo. Ficam, ainda, todos os profissionais proibidos de participar de um processo judicial em qualquer função, seja de advogado, testemunha ou perito, caso as partes recorram ao Judiciário.

A cláusula de retirada de equipe trará a segurança necessária para que as partes desenvolvam confiança nos profissionais da equipe multidisciplinar e, assim, possam trazer todas as informações capazes de contribuir para o sucesso do processo colaborativo.

Conclusão

Por todo o exposto, é possível depreendermos que o profissional da Advocacia, cada vez mais, deve se apropriar das chamadas *soft skills*, dentre as quais destacamos as habilidades de negociação e de trabalho em equipe como sendo importantes ferramentas no seu mister profissional.

O advogado, através das abordagens negocial e resolutiva, empenha-se em construir soluções estáveis, funcionais e sustentáveis, considerando as singularidades que o conflito carrega, em um ambiente seguro, que favoreça o diálogo e o entendimento.

Utilizando a habilidade do trabalho em equipe, ele consegue compreender o conflito em amplo espectro, sob múltiplas lentes, conseguindo, dessa forma, extrair e ponderar os mais diversos interesses e necessidades em jogo.

As Práticas Colaborativas, no que se refere aos conflitos familiares, são um método especial e único de resolução de conflitos, em que o advogado, juntamente com a equipe multidisciplinar, vai ao encontro das necessidades das famílias em seus mais diversos arranjos, favorecendo um olhar sensível e atento às dores e aos anseios dos conflitantes, os quais almejam soluções que lhes restaurem a paz no seio familiar.

Referências bibliográficas

BRASIL. Constituição da República Federativa do Brasil de 1988. Disponível em: http://www.planalto.gov.br/ccivil_03/constituicao/constituicaocompilado.htm. Acesso em: 20 jun. de 2022.

BRASIL. Lei nº 13.105, de 16 de março, que decreta o novo Código de Processo Civil. Brasília, 16 de março de 2015. Disponível em: http://www.planalto.gov.br/ccivIl_03/_Ato2015-2018/2015/Lei/L13105.htm. Acesso em: 20 jun. de 2022.

BRASIL. Lei nº 13.140, de 26 de junho, que dispõe sobre a mediação entre particulares como meio de solução de controvérsias e sobre a autocomposição de conflitos no âmbito da administração pública. Brasília, 26 de junho de 2015. Disponível em: http://www.planalto.gov.br/CCivil_03/_Ato2015-2018/2015/Lei/L13140.htm. Acesso em: 20 jun. de 2022.

CAMERON, N. *Práticas Colaborativas: aprofundando o diálogo*. Tradução: Alexandre Martins. São Paulo: Instituto Brasileiro de Práticas Colaborativas, 2019.

CAPPELLETTI, M. *Acesso à justiça*. Tradução: Ellen Gracie Northfleet.Porto Alegre: Fabris, 1988.

FONKERT, Renata. A Mediação e o Divórcio Colaborativo por Equipe Interdisciplinar nas Situações de Divórcio: Um Enfoque Construcionista social e Pós-Moderno. In: ALMEIDA, Tânia; PELAJO, Samantha.; JONATHAN, E. (Org.). *Mediação de Conflitos para Iniciantes, Praticantes e Docentes*. Salvador: Juspodivm, 2016, v. 1, p. 43-975.

GORETTI, R. *Mediação e acesso à justiça*. Salvador: Juspodivm, 2016.

LEAL, Macela Nunes. *A Mediação Enquanto Instrumento de Acesso à Justiça Material: perfilhando o caminho da cultura de paz*. São Paulo: Dialética, 2020. 69 p.

MACFARLANE, Julie. *The New Lawyer - How settlement is transforming the practice of law*. Toronto: USB Press, 2008.

MANCUSO, R. C. *Acesso à Justiça: condicionantes legítimas e ilegítimas*. 2 ed. rev., atual. e ampl. São Paulo: Revista dos Tribunais, 2015.

PRÁTICAS COLABORATIVAS. *Uma necessária mudança de paradigma no Direito de Família*. Disponível em: <https://ibdfam.org.br/assets/upload/anais/305.pdf. Acesso em: 20 jun. 2022.

SUSSKIND, Richard. *Tomorrow Lawyers. An Introduction To Your Future*. New York: Oxford University Press, 2013.

TELLES, Marília Campos Oliveira e. *Um Olhar Multidisciplinar sobre Cuidado na Resolução de Conflitos: Mediação e Práticas Colaborativas*. Disponível em: https://www.linkedin.com/pulse/um-olhar-multidisciplinar-sobre-cuidado-na-resolu%C3%A7%C3%A3o-mar%C3%ADlia-campos?trk=related_artice_%20UM%20OLHAR%20MULTIDISCIPLINAR%20SOBRE%20CUIDADO%20NA%20RESOLU%C3%87%C3%83O%20DE%20CONFLITOS%3A%20MEDIA%C3%87%C3%83O%20E%20PR%C3%81TICAS%20COLABORATIVAS_article-card_title. Acesso em: 21 nov. 2022.

TESLER, Pauline H. *Collaborative Law: achieving effective resolution in divorce without litigation*. Third Edition. Chicago, IL: American Bar Association, 2016.

ZANETI Jr., Hermes; CABRAL, Trícia Navarro Xavier (Coord.). *Justiça Multiportas: mediação, conciliação, arbitragem e outros meios adequados de solução de conflitos*. Salvador: Juspodivm, 2018. 1024 p. (Coleção grandes temas do Novo CPC, v.9./Coordenação geral, Fredie Didier Jr.).

O profissional da advocacia e o seu juízo perfeito

Márcia Rosa

> "Cada vez que você se sentir tentado a reagir da mesma maneira, pergunte se você quer ser um prisioneiro do passado ou um pioneiro do futuro."
> Deepak Chopra

Acredito que você já deva ter escutado: *relaxe, não leve para o lado pessoal, aproveite o presente*. Eu mesma falo muito isso, uso de verdade, e quando abandono e subo no salto me considerando plena, tropeço nas minhas palavras e me engasgo com minhas emoções não resolvidas. Então, por que você deveria ler este artigo, se não vou revelar segredos para uma vida maravilhosa (também não trago a sentença em 3 dias)? Porque meu desejo é compartilhar com você o que me tirou da zona de conforto (ou será desconforto?), da minha visão infalível do que era o melhor, de não pensar em outras possibilidades. Afinal, Lady Gaga, cantora americana, quando do prêmio do Oscar em 2019, disse:

> Não é sobre ganhar, é sobre não desistir. Se você tem um sonho, lute por ele. Existe uma disciplina. Não é sobre quantas vezes você foi rejeitado, caiu e teve que levantar. É quantas vezes você fica em pé, levanta a cabeça e segue em frente.

Gosto muito quando se fala em disciplina, organização com toda sua flexibilidade. A vida é cíclica e imprevistos acontecem. Mas, de verdade, quanto você administra seu tempo? Quanto você prioriza e aproveita o seu tempo? Tempo, tempo, tempo, tempo ...

Pergunte-se: qual é a periodicidade com que você faz o que não gosta para agradar as outras pessoas e te desagradar completamente, seja para não ser excluído ou para passar uma mensagem diversa do que você é? O quanto você exerce o autocuidado, dedica um tempo só para você, que sejam 5 minutos?

É necessária essa organização mental para que as coisas saiam da iniciativa e realmente se materializem no seu dia a dia. Ou seja, que realmente você faça e não empurre para os dias seguintes, salvo as exceções da dualidade. Para isso, a agenda física se faz indispensável!

Um excelente início de exercício é fazer uma lista do que é importante, as atividades relevantes que você estabeleceu, que necessitam de resultados a curto e médio prazos. Geralmente, são prazerosas, porque você se organizou para isso.

Vai acontecer de haver também outras atividades urgentes, que não devem ser superioras às atividades importantes, pois são exigências que chegam em cima da hora, não previstas, que vão te trazer pressão e, consequentemente, estresse.

E aquelas que são desnecessárias, que gastam o seu tempo e sem resultado. Faz parte! Essas têm que consumir o mínimo do seu tempo.

Coloque também nessa lista pausas, que são indispensáveis, e horário de início e término. Ah! Determine quando e quanto tempo vai se dedicar a rede social.

E mais uma dica fundamental no tocante às reuniões: com hora para começar e acabar. O tamanho desse encontro, número de pessoas, a pauta definida, o objetivo estabelecido, organizado para um resultado desejado.

Eu sou advogada, tenho orgulho da minha profissão, ela me dá prazer pessoal e profissional, me sinto incluída e respeitada. Ainda assim, não era suficiente para mim. Passei a estudar outras práticas, alinhadas ao meu desejo de ajudar as pessoas a resolverem os seus problemas (e eu os meus), mas de outra forma que não fosse somente a opção da litigância. Foi quando encontrei outros métodos não adversariais.

Inclusive, cabe ressaltar que você não necessita ser outro profissional se gosta de litigar. A ideia aqui é você se permitir conhecer outras possibilidades. Abrir espaço para melhor compreensão da realidade. Desenvolver novas habilidades que te tragam mais prazer e satisfação.

A psicóloga Carol S. Dweck, em seu livro *Mindset, a nova psicologia do sucesso*, descreve nossa mentalidade, por vezes sabotadora, de acreditar que nascemos e morreremos assim. É o que ele descreve de mentalidade fixa, senão vejamos:

> Ouvir opiniões de sábios sobre assuntos científicos é uma coisa. Outra é compreender de que forma essas opiniões se aplicam a você. Minhas pesquisas ao longo de vinte anos demonstraram que a opinião que você adota a respeito de si mesmo afeta profundamente a maneira pela qual você leva sua vida. Ela pode decidir se você se tornará a pessoa que deseja ser e se realizará aquilo que é importante para você. Como acontece isso? Como pode uma simples crença ter o poder de transformar sua psicologia e, consequentemente, sua vida? Acreditar que suas qualidades são imutáveis – o *mindset* fixo – cria a necessidade constante de provar a si mesmo seu valor. Se você possui apenas uma quantidade limitada de inteligência, determinada personalidade e certo caráter moral, nesse caso terá de provar a si mesmo que essas doses são saudáveis. Não lhe agradaria parecer ou sentir-se deficiente quanto a essas características fundamentais. (Audiobook, O que tudo isso significa para você, os dois tipos de *mindset*, pasta 1, faixa 3)

A autora ainda descreve que nossas características...

> não são simplesmente como cartas de baralho que você recebe e

> com as quais tem de viver, sempre tentando convencer a si mesmo e aos demais que tem um *royal flush* nas mãos, quando no íntimo teme ter somente um par de dez. (Audiobook, O que tudo isso significa para você, os dois tipos de *mindset*, pasta 1, faixa 3)

Com uma mentalidade de crescimento, acreditamos que sempre podemos aprender algo novo, como disse a autora:

> você é capaz de cultivar suas qualidades básicas por meio de seus próprios esforços. Embora as pessoas possam diferir umas das outras de muitas maneiras – em seus talentos e aptidões iniciais, interesses ou temperamentos –, cada um de nós é capaz de se modificar e desenvolver por meio do esforço e da experiência. (Audiobook, O que tudo isso significa para você, os dois tipos de *mindset*, pasta 1, faixa 3)

E continua explanando que:

> A paixão pela busca de seu desenvolvimento e por prosseguir nesse caminho, mesmo (e especialmente) quando as coisas não vão bem, é o marco distintivo do *mindset* de crescimento. Esse é o *mindset* que permite às pessoas prosperar em alguns dos momentos mais desafiadores de suas vidas. (Audiobook, O que tudo isso significa para você, os dois tipos de *mindset*, pasta 1, faixa 3)

Que ótimo que você está sempre se aperfeiçoando, olhando para outras perspectivas, se livrando de crenças limitantes, aprendendo com seus erros, estimulando sua inteligência para enfrentar novos desafios, buscando níveis elevados de competências...

> Como é possível que uma crença leve a tudo isso — gosto pelo desafio, confiança no esforço, resiliência diante de adversidades e maior (e mais criativo!) sucesso? (Audiobook, O que o futuro nos reserva, pasta 1, faixa 7)

Destaco algumas perguntas para sua maior compreensão de mentalidade fixa e mentalidade de crescimento:

> 1. Sua inteligência é algo muito pessoal, e você não pode transformá-la demais.
> 2. Você é capaz de aprender coisas novas, mas, na verdade, não pode mudar seu nível de inteligência.
> 3. Qualquer que seja seu nível de inteligência, sempre é possível modificá-la bastante.
> 4. Você é capaz de mudar substancialmente seu nível de inteligência.
>
> As afirmativas 1 e 2 referem-se ao *mindset* fixo. As de número 3 e 4 refletem o *mindset* de crescimento (Audiobook, Desenvolva seu *mindset*, pasta 1, faixa 7)

A autora também te convida a repensar nas suas crenças, nos seus arquétipos, quanto à sua capacidade de substituir "inteligência" por "talento artístico", "tino comercial" ou "aptidão para esportes". Tente fazer isso. Não se trata somente de suas aptidões, mas também de suas qualidades pessoais.

> Veja estas afirmações sobre personalidade e caráter e decida se concorda ou não com cada uma delas.
>
> 1. Você é certo tipo de pessoa, e não há muito o que se possa fazer para mudar esse fato.
>
> 2. Independente do tipo de pessoa que você seja, sempre é possível modificá-lo substancialmente.
>
> 3. Você pode fazer as coisas de maneira diferente, mas a essência daquilo que você é não pode ser realmente modificada.
>
> 4. Você é capaz de modificar os elementos básicos do tipo de pessoa que você é.
>
> Aqui, as afirmativas 1 e 3 se referem ao *mindset* fixo, e as de número 2 e 4 refletem o *mindset* de crescimento. (Audiobook, desenvolva seu *mindset*, pasta 1, faixa 7)

E agora, com qual mentalidade você se identifica? A sua preocupação é a forma pela qual será avaliado ou está interessado em seu aperfeiçoamento? A escolha é sua!

Outra questão que me trouxe mais saúde mental foi entender que, diante de tantos problemas para resolver e decisões que são cobradas incessantemente, eu não percebia o morredouro diário.

Nascemos e crescemos sempre com alguém determinando o que precisamos fazer. Até chegar a essa autonomia, continuamos a pensar negativamente quando passamos por uma questão conflituosa. Acontece de não nos sentirmos preparados para os desafios que encontramos, a insatisfação continua e sentimentos negativos se apoiam nessa insatisfação.

Comecei a cuidar mais da minha forma de expressão; por muitas vezes eu teria êxito, só que a compreensão do outro não era aquela que eu desejava repassar. E encontrei uma fala de Jacques Lan, psicólogo, que fez muito sentido para mim: "Você pode saber o que disse, mas nunca o que outro escutou".

A comunicação é uma arte e ela precisa ser valorizada. Estudar a Comunicação Não Violenta no IIT The Center for Nonviolent Communication e conhecer a história do seu idealizador Marshall Rosenberg, que ensina habilidades de linguagem e comunicação que fortalecem a capacidade de continuarmos humanos, foi um começo. Primeiro, pela sua figura forte, com a qual logo me identifiquei, pois não era necessário que eu me descaracterizasse, me tornasse outra pessoa diversa da que eu acredito ser, e, claro, pelos ensinamentos.

Marshall Rosenberg cresceu no interior de Detroit, e conviveu diariamente com várias formas de violência. A Comunicação Não Violenta evoluiu ao longo de sua busca de estudar as suas causas e como reduzi-la, ensinando as habilidades da pacificação.

Denominada de CNV – Comunicação Não Violenta, é transformadora e trabalha com quatro componentes: observação, sentimento, necessidade e pedido. De acordo com sua obra *Comunicação não violenta: técnicas para aprimorar relacionamentos pessoais e profissionais*:

> Observação – observe o que está acontecendo de fato, sem julgamentos e sem juízo de valor: quando combinamos observação com avaliação, as pessoas tendem a receber como críticas. (2006, p. 50)

Aqui particularmente foi um dos meus maiores desafios (ainda é) observar, ouvir, ver, sem fazer qualquer julgamento, usar adjetivos e fazer críticas, apenas contemplar, ouvir até o outro terminar de falar, ver e constatar.

Comecei realmente a praticar em casa e perceber que as minhas narrativas não falavam como eu me sentia e nem tampouco do que eu precisava. Apesar de achar que sim. Eu falava mais do outro do que de mim. Minhas observações eram carregadas de avaliações. E que realmente é difícil se perceber. Eu estava envolvida emocionalmente, só entendia (e fazia) críticas e, consequentemente, reações.

> Sentimentos – identifique o que está sentindo em relação ao que observa: expressar nossa vulnerabilidade pode ajudar a resolver conflitos. (ROSENBERG, 2006, p. 76)

Já começa que não sabemos distinguir emoção de sentimentos, conforme nos ensina Shauna Shapiro no artigo publicado no *blog* da PÓS PUC/PR DIGITAL, "Qual a diferença entre emoção e sentimento? A psicologia responde":

> Muitas vezes usamos emoções e sentimentos como sinônimos, mas eles não são a mesma coisa.
>
> Eles se distinguem da seguinte forma:
>
> - As emoções são respostas orgânicas intensas e de curta duração, enquanto os sentimentos são um processo mental avaliativo duradouro;
> - Os sentimentos são acessíveis apenas à própria pessoa, enquanto as emoções podem ser observadas pelos outros;
> - As emoções são uma reação imediata a um estímulo e depen-

> dem da relação com o mundo exterior para existir, enquanto os sentimentos são independentes.

Expressar sentimentos também é difícil porque ficamos vulneráveis. E aprendemos isso: não fale como se sente. É um hábito falar do que não é certo, apontar o que o outro fez sob sua ótica, interpretar o que o outro está sentindo (também sob sua perspectiva), ao invés de descrever como está se sentindo. Se não expressamos para os outros, não vão saber.

Comece a treinar identificar, após uma emoção, que sentimento ela promove. Acredite, é libertador saber que aquela raiva tem um sentido.

> Necessidades – informe suas necessidades, valores e desejos que estão conectados aos seus sentimentos. Quais são suas reais necessidades que lhe fizeram sentir daquela maneira: quando expressamos nossas necessidades, temos mais chances de vê-las satisfeitas. (ROSENBERG, 2006, p. 84)

Agora você consegue alinhar o seu sentimento à sua necessidade, o que você considera importante, o que você valoriza.

Importante destacar que necessidades não resolvidas acabam desenvolvendo gatilhos que geram a violência. Então, exercite também a forma como você se sente, porque determinada coisa é importante para você.

> Pedido – peça o que deseja, de forma concreta, para que atenda suas necessidades: é comum não termos consciência do que estamos pedindo. (ROSENBERG, 2006, p. 111)

Agora sim, de forma fundamentada, o que você deseja realizar, sem exigências, sem conduzir as pessoas a fazerem determinada coisa só porque você quer. Suas chances aumentam de conseguir o que deseja e de as outras pessoas entenderem realmente o que se quer. Essa conversa precisa ser clara!

Exercite pensar em uma situação específica que não foi muito do seu agrado e relembre aquele momento sem julgamento, a forma como se sentiu, o que era importante para você e o que desejava que acontecesse.

Não é fácil, porque esse não é muito o nosso costume. Mas preciso te dizer que, para chegar a esse modelo mental de crescimento, foi necessária a desconstrução de estereótipos.

E foi nessa possibilidade que encontrei o caminho para a minha saúde mental, em todas as áreas da minha vida!

Comecei a prestar mais atenção nas minhas emoções e nos meus pensamentos, vivendo o momento presente, sem me estressar tanto pensando no futuro ou rememorando constantemente o passado.

Minha experiência em estudar outras áreas que interagiam com a advocacia, ou seja, como me relacionar com as pessoas de forma efetiva e me comunicar assertivamente, me levou a adquirir conhecimentos e outras possibilidades de manejo de conflitos e possibilitou que eu permanecesse em meu perfeito juízo, além do bem-estar e do autoconhecimento.

Mas, antes disso, é necessário ressaltar a importância da prática de atividades físicas, com benefícios comprovados para além do sistema muscular: bem-estar físico e mental, melhoria do humor, dor de cabeça (o mal que atinge a nós, advogados), redução de ansiedade, fortalecimento imunológico e cardiorrespiratório. Faça uma prática que lhe traga prazer e satisfação de executar.

Eu tenho a oportunidade de estudar e fazer parte da equipe da professora doutora Helena de Moraes[19], sendo um desses aprendizados o dos exercí-

---

19. Professora da Escola de Educação Física e Desportos (EEFD/UFRJ), responsável pelo projeto de extensão Corpo & Mente na UFRJ, coordenadora do Laboratório de Psicofisiologia do Exercício (LaPE) com as linhas de pesquisa: 'Intervenções corpo-mente na saúde mental' e 'Interocepção no desempenho esportivo e nas respostas afetivas do exercício'. Graduada em Educação Física pela Universidade Federal do Rio de Janeiro (UFRJ), mestre e doutora em Saúde Mental pelo Instituto de Psiquiatria (IPUB/UFRJ), pós-doutora pela Escola de Educação Física e Esporte da Universidade do Estado de São Paulo (EEFE/USP) e pós-doutora no Programa de Pós-Graduação em Psiquiatria e Saúde Mental (IPUB/UFRJ).

cios terapêuticos, que são exercícios de relaxamento, meditação, yoga, entre outros. Precisamos melhorar a nossa saúde mental para melhorar o nosso corpo. É necessário esse equilíbrio do interno com o externo. E lembra que falamos aqui em arquétipos? Pois bem, quebrar esses padrões para alcançar o autoconhecimento. Desconstruir crenças limitantes e mudar os hábitos formados pelo comportamento repetitivo, para uma autoconsciência. Esse é o primeiro passo.

Já sabemos que corpo e mente não se dividem, então cuide dos dois, porque o seu cérebro (viva a física quântica e a neurociência) observa a sua postura e correlaciona com o seu emocional. Aproveite e responda como você se senta? Sim, como está agora?

Um excelente exercício. Fique de pé, pés paralelos na largura do quadril, braços ao longo do corpo, coluna ereta e feche seus olhos. Nomeie todos os membros do seu corpo, preste atenção em suas vértebras, de cima para baixo e o inverso. Do seu pé à ponta da cabeça. Preste atenção no seu ritmo cardíaco. Perceba sua respiração. Perceba com o toque a sua roupa. A sua pele. Abra seus olhos e faça pressão nos seus braços. Primeiro com movimentos suaves, depois um pouco mais forte. Com calma. Faça agora massagem circular nos seus ombros, nas costas, nos glúteos, na panturrilha.

Você pode se sentar. Faça massagem nas solas dos pés. Sinta a diferença dos toques em seu corpo. Leve a sua atenção à sua postura. Mantenha uma respiração tranquila. Preste atenção nos membros do seu corpo, um de cada vez.

Cruze as mãos atrás da cabeça, abra seus cotovelos e olhe para cima. Abra o peito. Fique 1 minuto nessa postura. Se a mente vagar, volte com delicadeza para esse momento. Perceba seus sentimentos, suas emoções nesse momento. Relaxe.

Esse é o início da consciência do seu corpo. Interocepção é o domínio do corpo. O seu cérebro percebeu como você reagiu e isso faz com que você tenha uma reação mais consciente. Quando você se percebe melhor, toma decisões mais assertivas.

Outra prática que facilito e uso, que também aprendi e aplico na equipe da doutora Helena Moraes, é o *mindfulness*. É uma habilidade que precisa ser desenvolvida com a prática e a disciplina. Se você cumpre prazos dos seus processos, pode também cumprir os prazos dos protocolos. É uma prática que precisa ser fortalecida.

Como os acontecimentos externos não podem influenciar o seu trabalho quando estiver elaborando uma peça processual, o mesmo vale para o *mindfulness*. Podem te influenciar no início, mas volte para aquele momento presente.

Preste atenção nos seus pensamentos e nas suas emoções.

A professora ainda nos ensina o que um artigo científico de Lima Araújo e outros autores revelou: que, durante três dias, 30 minutos de prática de *mindfulness* com escaneamento corporal e consciência da respiração foram capazes de promover mudanças significativas nos indivíduos estudados! Os resultados foram vistos através de uma escala, que foi preenchida antes e depois do treinamento! O estudo é de alto impacto, randomizado, controlado e realizado por pesquisadores importantes. O poder das práticas integrativas sendo cada vez mais testado e comprovado!

Não poderia deixar de mencionar mais duas práticas que amo e adoto em minha vida. A primeira é a meditação. Confesso que no início não praticava a meditação tradicional, mas preciso dizer que mais importante ainda é o estado meditativo e que ele possa se perpetuar. Não adianta meditar e sair do local chutando o cachorro e gritando com a criança. A prática positiva precisa ser continuada durante o seu dia.

Comece devagar e estabeleça uma conexão com uma fonte de força interior capaz de transformar o mundo exterior. Você também pode encontrar isso em outras atividades, como orar, cantar, dançar, acender um incenso, ouvir música, usar um perfume, fazer tricô ou crochê, desenhar, pintar, costurar, nadar, bordar, ou seja, uma atividade regular e repetitiva. Você vai descobrir o que funciona melhor para você.

Proporcione-se pelo menos 15 minutos por dia. Você vai decidir isso. Lembre-se, só funciona se você realmente estiver com comprometimento, responsabilidade e colaboração. É um contrato, e você sabe como funciona.

Um excelente começo de meditação. Sente-se ou deite-se confortavelmente. Com uma respiração suave, concentre-se nela. Perceba quando você respira mais frio, mais quente. Foque somente na respiração, com tranquilidade. Quando vier o pensamento, foque só na respiração. No seu próprio ritmo.

Olhe para seu corpo, pense como você se sente agora. Tente sentir essa resposta. Só pense nela. Sinta apenas o seu corpo. Talvez esteja se sentindo mais leve, mais pesado, com mais energia ou desmotivado. Respire, não importa o que você perceber, apenas de forma neutra perceba o seu corpo.

De olhos fechados, tranquilo, imagine você se levantando e andando pelo espaço onde você está. Observe, explore onde você está. Ande por onde você está e apenas observe. Em cada pedaço do lugar onde você está. Perceba como você se sente.

Imagine nesse momento que você se levanta, vai até a porta e sai, vai para fora e começa a caminhar pela rua com a energia com que você está. Como você se sente? Talvez você encontre um vizinho, familiar ou amigo. Comprimente rapidamente e continue a caminhar. Como você se sente encontrando essas pessoas? Como será a sua reação?

Lembre-se de algumas atividades que você vive todos os dias. Como você se sente?

Apenas pense como você se sente. Agora volte para sua casa, na sua imaginação onde você estava. E fique na mesma posição inicial. Foque de novo apenas na sua respiração. Agora sincronize a sua energia com seu fluxo. Imagine que você inspira uma luz dourada brilhante em volta do seu coração e quando você expira distribui essa luz em todo o seu corpo. Mais uma vez. De novo. Dê mais um tempo com essa sensação.

Os seus bloqueios individuais se dissolvendo. Apenas inspire e expire essa luz brilhante.

Essa energia brilhante restaura cada célula do seu corpo, trazendo de volta as suas vibrações naturais. Ative a sua capacidade de autocura.

Perceba a energia poderosa do seu corpo.

Sinta o seu corpo inundado com essa luz, essa energia poderosa. Se sinta maior, mais forte, mais enraizado, com mais energia.

Caminhe de novo pelo espaço onde você está com sua energia poderosa e sinta de novo tanta energia e força.

Vá de novo até a porta e saia, caminhe pela vizinhança, continue onde quer que você esteja e somente observe.

Como se sente agora com essa personalidade forte?

Como as pessoas interagem com você? Imagine agora as situações do dia a dia com essa nova personalidade.

Como você se sente?

Regresse os seus pensamentos, concentre na sua respiração, relembre suas situações, mas agora com essa sensação poderosa, e tente ver a diferença outra vez: como era antes e como você está agora? O que mudou em você? O que você sente? Qual é a diferença? E deixe sua respiração te guiar de volta agora com essa consciência, a força dentro de você. Quando quiser, abra seus olhos e volte para o aqui e agora.

Interessante você gravar e ouvir durante a meditação. São muitos áudios e vídeos disponíveis em serviços digitais e aplicativos – ou se pode fazer ao vivo em alguma escola especializada.

Não desista: a prática e a disciplina você já tem, por isso exerce a advocacia. Agora aplique no seu autocuidado.

Eu não poderia deixar de falar da respiração. Não tem qualquer contraindicação, é de fácil acesso e pode-se fazer em qualquer lugar.

Mas preste atenção para que seja de forma correta, que te traga tranquilidade e equilíbrio.

Se puder, que seja de forma confortável. Mas vai acontecer de você precisar respirar para não perder a calma, para relaxar, para reduzir a ansiedade, para regular a agitação. Use.

Uma delas é respirar em quatro tempos: prenda em quatro tempos, solte em seis tempos. Faça isso umas dez vezes.

Outra para trazer energia, em qualquer momento ou emoção que você estiver: você vai tapar a narina direita e respirar apenas pela esquerda. Faça dez vezes de cada lado.

E a última novidade, em artigo de M. Y. Balban *et al.* na *Cells Report Medicine* (2023), sobre a respiração diária de 5 minutos, inspiração hiperventilada seguida de expiração prolongada que melhora o humor, reduz a ansiedade, melhora a excitação fisiológica e o suspiro cíclico é mais eficaz para reduzir a frequência respiratória e aliviar o estresse.

Conclusão

Você tem várias possibilidades de ser um profissional com bem-estar e saúde mental. Oportunidades não faltam, porque algumas coisas não estão no seu controle e você vai continuar lidando com clientes maravilhosos e outros nem tanto, que vão reclamar da demora do processo, das cobranças, da pressão, dos estudos incansáveis das doutrinas/jurisprudências, das classificações, do acompanhamento, dos atrasos das audiências. O que está no seu controle e você pode fazer agora:

1. Assumir a responsabilidade pelas suas emoções e sentimentos;
2. Identificar as suas emoções e seus sentimentos;
3. Expressar os seus sentimentos e suas necessidades;
4. Exercer uma comunicação mais assertiva;
5. Gerenciar a qualidade do seu tempo;
6. Ter uma mentalidade de crescimento;
7. Liberar a emoção por meio do movimento físico;
8. Praticar meditação;
9. Conhecer o *mindfulness;*
10. Respirar corretamente!

> "Para ter o que chamamos de consciência básica é preciso ter sentimentos. Isto é, é preciso que o cérebro seja capaz de representar aquilo que se passa no corpo e fora dele de uma forma muito detalhada. É daí que nasce a rocha sobre a qual a mente forma sua base e se edifica".
> António Damásio

Referências bibliográficas

BALBAN, M. Y. *et al.* Brief structured respiration practices enhance mood and reduce physiological arousal. *Cell Reports Medicine.* Volume 4, Issue 1, 100895, January 17, 2023. Disponível em: https://www.cell.com/cell-reports-medicine/fulltext/S2666-3791(22)00474-8?_returnURL=https%3A%2F%2Flinkinghub.elsevier.

com%2Fretrieve%2Fpii%2FS2666379122004748%3Fshowall%3Dtrue. Acesso em: 22 fev. 2023.

DWECK, Carol S. *Mindset: a nova psicologia do sucesso*. Tradução: S. Duarte. Rio de Janeiro: Objetiva, 2017.

LIMA-ARAUJO. G.L. de *et al.* The impact of a brief mindfulness training on interoception: a randomized controlled trial. *PLoS One*. 2022 Sep 7;17(9):e0273864. Disponível em: https://journals.plos.org/plosone/article?id=10.1371/journal.pone.0273864. Acesso em: 22 fev. 2023.

PÓS PUCPR DIGITAL. *Qual a diferença entre emoção e sentimento? A Psicologia responde*. Disponível em: https://posdigital.pucpr.br/blog/diferenca-entre-emocao-sentimento. Acesso em: 22 fev. 2023.

ROSENBERG, Marshall B. *Comunicação não violenta: técnicas para aprimorar relacionamentos pessoais e profissionais*. São Paulo: Ágora, 2006.

A programação neurolinguística e o *rapport* na gestão de conflitos

Quíssila Pessanha

Introdução

O objetivo deste artigo é apresentar para o gestor de conflitos algumas reflexões sobre outras perspectivas a serem utilizadas na sua relação com seu interlocutor, de modo a trazer uma abordagem mais assertiva na comunicação. A partir desta leitura, esteja aberto ao conhecimento, tenha vontade de praticar o conteúdo adquirido. Tudo começa no pensamento, na visualização e na disposição de se autodesenvolver. Esteja engajado!

PNL é sigla para Programação Neurolinguística, desenvolvida em meados dos anos 1970, sendo um estudo revolucionário do PROCESSO do pensamento humano, ou seja, é o estudo do que realmente está acontecendo quando pensamos. A PNL estuda como o cérebro e a mente funcionam. É uma supertecnologia da mente humana, que nos ensina como funcionamos e como podemos aproveitar ao máximo todo o potencial que existe dentro de nós.

O interessante sobre a mente é que, se abrirmos um cérebro, não conseguiremos encontrá-la. Não é possível encontrar o gosto do chocolate, o sentimento de um beijo; tudo que se encontrará é um monte de tecido nervoso. O tecido nervoso no cérebro age como um substrato.

A PNL é uma compreensão, não do cérebro, mas de como a mente, usando o cérebro, expressa-se na nossa vida e cria o que chamamos de experiência. Por exemplo, exatamente como agora, você está lendo este artigo, está lendo essas palavras, mas elas por si só não são sua experiência. Sua experiência são as palavras misturadas com outra coisa que você está vendo à sua volta no momento, onde está sentado e como sente seu corpo.

A PNL também estuda a influência da linguagem, que, embora seja produto do sistema nervoso, ativa, direciona e estimula o cérebro e é ainda a maneira mais eficaz de ativar o sistema nervoso dos outros, facilitando a comunicação.

Na visão da PNL, desenvolvemos habilidades e tomamos decisões como resultado de estruturas cognitivas (como crenças, pensamentos, planos, entre outros) referidas como programas. Algumas vezes, nossos modelos mentais de mundo nos auxiliam, outras vezes eles nos limitam. Daí surgiu o *rapport*, ferramenta que auxilia a comunicação entre as pessoas, pois transmite segurança a elas.

Agora que você já entendeu um pouco mais sobre PNL, e com foco em lhe apoiar nesse despertar para as competências socioemocionais para ser mais que um advogado e tornar-se um gerador de possibilidades, vou apresentar a ferramenta do *rapport*, que fez toda diferença na minha vida. Essa ferramenta é a mais importante para a interação humana, pois melhora a competência comunicativa.

Desenvolver essa competência é muito importante para melhorar os relacionamentos pessoais e profissionais, porém nem todas as pessoas sabem por onde começar e como fazer isso adequadamente.

A capacidade de construir *rapport* é uma habilidade que pode ser desenvolvida e que podemos usar para facilitar o nosso *rapport* com qualquer pessoa, em qualquer contexto e mesmo com pessoas de quem discordamos.

Para falar dessa habilidade, é preciso entender a diferença entre *hard skills* e *soft skills*:

- As *hard skills* são as habilidades técnicas e muito específicas de uma área. Por exemplo, para um contador, existem habilidades que são da área da contabilidade; para um médico, existem habilidades que são da área da medicina. Então, as *hard skills* são o saber fazer particular de uma determinada área.
- As *soft skills*, por sua vez, são as habilidades e competências mais gerais, que não são específicas de uma área. Estamos falando sobre habilidades do comportamento; habilidades sociais, como você se relaciona em público, como se relaciona com o outro e com você mesmo; habilidades emocionais, a inteligência emocional; e seus atributos, as características que são suas.

Desenvolver as *soft skills*, através da programação neurolinguística, ampliou meu conhecimento e provocou algumas mudanças na vida profissional e pessoal na minha jornada em busca do autoconhecimento, me fazendo ver o mundo com novas lentes. Vou dividir essa experiência com você.

A ferramenta do *rapport* como *skill* na gestão de conflitos

Antes de analisarmos a habilidade comunicativa, vou compartilhar com você uma frase do escritor Alvin Toffler: "O analfabeto do século XXI não será aquele que não sabe ler ou escrever, mas sim aquele que não souber aprender, desaprender e reaprender". Ao ler isso, imediatamente pensei em quais competências precisaria desenvolver para sobreviver nesse mundo novo.

É notório que o tsunami da inteligência artificial, os super-robôs, a automação inteligente transformarão a forma de trabalhar, eliminarão muitas funções, criarão novas carreiras, novas habilidades para liderar e gerir pessoas. Junto desse cenário, vem a pergunta: como se preparar para prosperar nesse novo mundo?

A chave está em desenvolver aquilo que nos torna humanos, tais como empatia, inteligência emocional, escuta ativa, colaboração, negociação, criatividade. São as tão faladas *soft skills*, as competências subjetivas, porque elas estão ligadas a como nos relacionamos e interagimos com as pessoas. As *soft skills* são muito mais ligadas ao "Como você faz" do que ao "O que você faz".

Reforçando esse caminho, nós temos inúmeras *soft skills*. A comunicação é uma das mais importantes e está entre as competências mais desejadas no ambiente de trabalho, sendo com certeza o diferencial para o seu sucesso. Saber se comunicar de maneira eficiente, fazer com que o interlocutor entenda o ponto de vista que você está querendo apresentar e conseguir prender a atenção das pessoas no momento da fala são essenciais para o sucesso.

Vale lembrar que a comunicação é competência macro, abrangendo diversas habilidades, como, por exemplo: oratória, linguagem corporal, *rapport* etc. Esses são apenas alguns dos elementos que compõem a comunicação de excelência.

Para sobreviver nesse cenário, é necessário buscar aprimoramento, autoconhecimento, treinamento, qualificação, para nos tornarmos cada vez mais humanos. É um processo contínuo e que requer dedicação.

Você já se perguntou como é a sua comunicação com seus clientes? Já pensou no que é preciso para desenvolver uma comunicação eficaz?

Pois bem, a palavra extrai ordem do caos, por isso a importância de saber se comunicar com o cliente. A boa comunicação exige atenção aos detalhes.

Conhecer o *rapport* pode ajudá-lo a melhorar suas relações pessoais e profissionais. O conhecimento é transformador.

Mas o que é *rapport*?

É uma habilidade comunicativa. É a capacidade de se relacionar com os outros de forma a criar um nível de confiança e entendimento. Estar em *rapport* é estar conectado ao outro.

Na PNL, o *rapport* é a sensação de harmonia, do reconhecimento e da aceitação mútua que existe entre as pessoas quando elas estão à vontade umas com as outras e quando a comunicação está ocorrendo com facilidade e deve ser feita com muita elegância, de maneira discreta e sutil. Não há como forçar o *rapport*. Ela exige uma demonstração de sincero interesse pela opinião e pelos pensamentos do outro.

O *rapport* na sua essência é comunicação, uma comunicação produtiva no âmbito de uma interação, tendo como componentes atenção mútua, positividade e coordenação, possibilitando um ambiente de confiança e propício à cooperação.

Há quem considere que empatia, *rapport* e relacionamento tenham os mesmos conceitos, sendo importante fazer algumas distinções entre eles.

Alguns autores deixam claro que *rapport* e relacionamento são conceitos distintos, mas muitos ainda os tratam como a mesma coisa. Talvez seja um problema de tradução. A palavra *rapport* vem do francês e pode significar relação. Os dois termos estão relacionados, gerando uma sensação de que são sinônimos, mas isso nem sempre é correto, embora eles tenham uma área de intercâmbio. O relacionamento é ligação afetiva, profissional ou de amizade entre pessoas que se unem com os mesmos objetivos e interesses; pressupõe algo mais duradouro.

Outra distinção a ser feita é entre *rapport* e empatia. A empatia é um dos fundamentos de uma boa comunicação e está relacionada ao *rapport*: a empatia ajuda na promoção do *rapport* e o *rapport* estimula na adoção de uma postura empática. A empatia difere do *rapport* porque não exige interação para existir e o *rapport* pode ser estabelecido sem que se necessite de empatia. A habilidade de conseguir compreender e acompanhar o comportamento de alguém não significa compartilhar dos mesmos sentimentos, mas, sim, criar um vínculo empático, gerando um forte laço, ou seja, é a capacidade de deixar o seu *mindset* de lado para então analisar e agir de acordo com o "mapa de mundo" de outra pessoa.

O *rapport* é um poderoso determinante da dimensão em que os negociadores desenvolvem a confiança necessária para alcançar acordos integrativos numa negociação. O *rapport* entre os negociadores está vinculado ao entusiasmo de cada um em cooperar, compartilhar informações e contribuir para redução do risco de impasse.

E como criar o *rapport*?

Linda Tickle-Degnen e Robert Rosenthal descrevem a natureza do *rapport* em uma estrutura dinâmica de três componentes inter-relacionados: **atenção mútua, positividade e coordenação**. Eles propõem que a ponderação relativa desses componentes na experiência do relacionamento muda ao longo do desenvolvimento de um relacionamento entre indivíduos. Nas interações iniciais, positividade e atenção têm um peso maior que a coordenação, enquanto nas interações posteriores coordenação e atenção são os componentes mais pesados. Para os autores, o *rapport* existe nas interações entre os indivíduos, ou seja, não se trata de um traço de personalidade, mas, sim, de uma experiência vivida durante uma interação, como resultado de uma combinação de qualidades que emergem de cada indivíduo durante a interação.

Atenção mútua está relacionada ao foco de atenção, ou seja, a minha atenção no outro o faz sentir-se envolvido na interação, e vice-versa. É a capacidade de se concentrar 100% no momento, atento a cada palavra do cliente, compreendendo o significado do que é dito no contexto apresentado.

A **positividade** são atitudes positivas, afabilidade e respeito, sendo sinalizada por comportamentos não verbais específicos, como, por exemplo: inclinação do corpo para a frente; contato visual, que é capaz de perceber os sinais enviados pelo outro (através do olhar se percebem os sinais analógicos dos axiomas da comunicação, o que leva a melhores resultados coletivos); e ainda sorriso e gestos.

A **coordenação** é o componente ligado à sincronia com as outras pessoas na interação, incluindo conversas realizadas de modo suave, nas quais o ouvinte demonstra concordância, entendimento. A coordenação é caracterizada pelo mimetismo inconsciente, ou seja, mesmo sem perceber, o indivíduo, quando interage, tende a espelhar a postura, ajustando seu corpo para combinar com a postura do corpo do outro; a fala, utilizando frases repetitivas ou expressões usadas pela outra pessoa, igualando-se ao estilo de fala do outro; a expressão facial, levantando sobrancelhas, apertando lábios etc.; o tom de voz, a tonalidade, o ritmo, a pontuação etc. No entanto, quando utilizado, esse mimetismo deve ser sutil, sem que o outro perceba. Poderosos efeitos surgem desse espelhamento, resultando em maior simpatia e *rapport* em uma interação. Na ocasião em que o comportamento do indivíduo está sincronizado com o do outro, este se sente mais afinado, aumentando a confiança naquele que se comunica.

Tente espelhar apenas um aspecto do comportamento da outra pessoa enquanto estiver falando com ela – talvez a postura dela. Quando isso se tornar fácil, inclua outro aspecto suavemente, como os gestos da mão dela. Gradualmente, acrescente outro e outro até você estar espelhando sem pensar sobre isso. Quanto mais você praticar, mais fácil se torna. Como retribuição, a mesma reação positiva e confortável que você criou para a outra pessoa será sentida por você mesmo.

Quanto mais você praticar, mais você se tornará consciente dos diferentes ritmos, gestos, padrões da respiração que você e os outros têm.

Importante reforçar a necessidade de ser sutil no espelhamento quando estabelecer *rapport*. Se, por exemplo, a outra pessoa está fazendo grandes gestos, impetuosos, você pode escolher fazer igual, mas com menor ênfase, movimentos menos óbvios. A diferença entre combinar e imitar é que a imitação realmente é visível e pode incomodar a pessoa ou deixá-la muito desconfiada. Se alguém vir o espelhamento como uma imitação, isso criará dissonância, não harmonia. O que você realmente deseja fazer é combinar seus modos sutilmente com os da pessoa, como ela se senta, a posição de suas mãos, a rapidez com que fala ou sua respiração, como já mencionado acima.

Vale lembrar que, quando notar a falta de interesse ou uma mudança de sincronia com você, recue, pare de falar e deixe a pessoa liderar.

O início pode parecer desajeitado. Mas o valor de aprender a conseguir e manter o *rapport* vale todo o tempo e o esforço que levam para se tornar um especialista nessa área de comunicação.

Podemos comparar o *rapport* a uma dança de três atos:

- Ato 1 – Equiparar: significa aproximar e combinar de forma harmoniosa e discreta o seu ritmo, expressão corporal, vocal e linguagem com as expressões da outra pessoa, conectando-se em múltiplos níveis.
- Ato 2 – Acompanhar: é continuar aproximando e combinando sua maneira de ser com a da pessoa e permitindo que ela assuma um pouco a liderança da interação, até que se perceba que a sintonia está harmoniosa e agradável.
- Ato 3 – Liderar: é assumir a liderança da interação para que o outro te acompanhe e permita ser liderado, criando uma dinâmica relacional harmônica, que alterna entre liderar e ser liderado.

Para Anthony Robbins:

> Rapport é a capacidade de entrar no mundo de alguém, fazê-lo sentir que você o entende e que vocês têm um forte laço em comum. É a capacidade de ir totalmente do seu mapa do mundo para o mapa do mundo dele. É a essência da comunicação bem-sucedida. (*O poder sem limites*, p.112)

A PNL usa também os 4Rs, o que consiste em garantir que, no *rapport* dela conosco, a outra pessoa vivencie uma sensação de:

- Respeito: respeitando a pessoa como indivíduo único e igual a nós;
- Reconhecimento: reconhecendo a comunicação verbal e não verbal da pessoa e reagindo adequadamente a cada um desses canais;
- Reafirmação: o relacionamento e a interação da pessoa conosco são experimentados como não ameaçadores;
- Responsabilidade: a experiência da pessoa na comunicação conosco é espontânea e transparente, pois está agindo de forma responsável.

Como os componentes importantes do *rapport* estão ligados a expressões não verbais, e os canais de expressão não verbal, em sua maioria, são acessíveis apenas visualmente, é de se esperar que a eficácia da resolução de conflitos seja reduzida quando o acesso visual for limitado. Nesses casos, os negociadores são menos propensos a desenvolver o tipo de *rapport* que promove a cooperação necessária para alcançar acordos eficientes.

Com o advento das tecnologias de comunicação, às vezes a negociação não oferece a oportunidade de um encontro presencial com a contraparte e, nesse caso, usando um meio de comunicação que não fornece acesso visual - como telefone ou *e-mail* –, aumenta-se a probabilidade de que o *rapport* não se desenvolva, de que a troca cooperativa de informações seja insuficiente e de que o resultado seja um impasse, ao invés de um acordo mútuo benéfico.

Nesse sentido, negociadores se esforçam para criar uma base para um relacionamento positivo por meio de uma conversa curta e familiar, uma conversa informal, um bate-papo com a outra parte.

Esse bate-papo promoverá a lubrificação social da relação, tornando-a mais fluida, suave e, logo, ajudará no *rapport* e no acordo.

O comportamento cooperativo também é facilitado pela afiliação encontrada entre os participantes em um conflito ou negociação. Essa afiliação compartilhada criará uma base para o *rapport* alicerçado no afeto, que leva à cooperação, à troca de informações e a acordos benéficos.

> Quando decidimos que compartilhamos uma afiliação com outra pessoa, seguem-se muitas consequências: avaliamos os membros de nossos próprios grupos de maneira mais favorável; alocamos mais recompensas para membros de nosso próprio grupo e somos mais cooperativos ao lidar com membros do grupo. (MOORE *et al.*, 1999, *apud* NADLER, 2004, p. 4)

Sentimentos de simpatia por outra pessoa podem levar a um aumento na percepção de similaridade e convergência de atitudes e a similaridade de atitudes pode, por sua vez, levar a mais cooperação (SALLY, 2000, *apud* NADLER, 2004, p. 4).

A importância do *rapport* para a gestão de conflitos nos últimos anos ganhou tanto relevo que o próprio *Manual de Mediação Judicial* do Conselho Nacional de Justiça assim define:

> O *rapport* consiste no relacionamento harmonioso ou estado de compreensão recíproca no qual por simpatia, empatia ou outros fatores se gera confiança e comprometimento recíproco – no caso da mediação com o processo em si, suas regras e objetivos. (CONSELHO NACIONAL DE JUSTIÇA, 2016, p.10)

Por fim, deixo aqui uma sugestão de exercício para colocar em prática alguns dos aprendizados proporcionados pela PNL, através da ferramenta do *rapport*, usando a prática do espelhamento.

1. Receba o cliente com um sorriso e chamando-o pelo nome.
2. Acomode-o e inicie a conversa praticando a atenção, a escuta ativa. Coloque sua melhor intenção de entender e solucionar a questão do cliente.
3. De forma sutil, faça gestos idênticos a ele: se, por exemplo, o cliente se coloca à sua frente de braços cruzados, acompanhe o movimento, buscando sempre a harmonia no contato; caso ele mude de posição, faça também a mudança sutilmente.
4. Fique atento ao ritmo de respiração e aos termos empregados pelo cliente.
5. Depois de algum tempo, faça uma interação maior na conversa. Quando perceber que o cliente está com uma boa interação, assuma a liderança.

Essa sugestão visa buscar a melhor interação, tendo como objetivo que o cliente relaxe e se sinta confortável, trazendo segurança e confiabilidade no atendimento, sempre com muito respeito e responsabilidade.

Conclusão

Pode-se dizer que o contato face a face, comportamentos não verbais e paraverbais são importantes elementos do *rapport* para uma negociação. Numa negociação presencial, o *rapport* tende a se desenvolver em sincronia com a outra parte, com o acesso visual propiciando a cooperação e benefícios mútuos. Já na ausência dele, podem os negociadores criar uma base por meio de um bate-papo e contar com semelhanças percebidas, promovendo a lubrificação social, contribuindo assim para o *rapport* e o acordo.

Esses detalhes podem facilitar as negociações numa resolução de conflitos.

Um dos mais importantes pressupostos básicos da PNL é o de que "o significado da sua comunicação é a reação que você obtém". Após o conhecimento da PNL, colocar em prática a ferramenta do *rapport*, com a atenção necessária ao cliente, em sua intenção positiva, estabelecendo com o cliente uma comunicação assertiva e usando-a com muito respeito e responsabilidade, fará toda a diferença na prestação do serviço.

Por fim, esteja aberto ao novo, amplie seu *mindset*, busque conhecimento e desenvolvimento para sua atuação profissional. Investir nos seus estudos é a melhor maneira de se desenvolver e aprimorar suas *soft skills*. Desejo que você se supere diariamente.

Espero que, ao colocar em prática o *rapport*, essa ferramenta lhe proporcione uma efetiva conexão com seu cliente, criando um ótimo ambiente de trabalho.

Referências bibliográficas

CONSELHO NACIONAL DE JUSTIÇA. *Manual de mediação judicial*. 6. ed. Brasília: CNJ, 2016. Disponível em: https://www.cnj.jus.br/wp-content/uploads/2015/06/f247f5ce60df2774c59d6e2dddbfec54.pdf. Acesso em: 20 fev. 2023.

HOOBYAR, Tom; DOTZ, Tom; SANDERS, Susan. *PNL guia essencial:* administre seus pensamentos e motivações em direção a seus objetivos. Rio de Janeiro: Alta Books, 2018.

MOORE, D. A.; KURTZBERG, T. R; THOMPSON, L. L.; MORRIS, M. W. Long and Short Routes to Success in Electronically Mediated Negotiations: Group Affiliations and Good Vibrations. *Organizational Behavior and Human Decision Processes*, v. 77, n. 1, 1999, pp. 22-43.

NADLER, Janice. Rapport: Rapport in Negotiation and Conflict Resolution. *Marquette Law Review*, Special Issue, v. 87, n. 4, 2004. Disponível em: https://scholarship.law.marquette.edu/cgi/viewcontent.cgi?article=1207&context=mulr. Acesso em: 26 jun. 2020.

ROBBINS, Anthony. *O poder sem limites. O caminho para o sucesso pessoal pela Programação Neurolinguística.* 10ª ed. Rio de Janeiro: Best Seller, 2009.

SALLY, D. A General Theory of Sympathy, Mind-Reading, and Social Interaction, with an Application to the Prisoners Dilemma. *Theory & Methods*, n. 39, 2000, p. 567- 616.

TICKLE-DENGEN, Linda; ROSENTHAL, Robert. The Nature of Rapport and Its Nonverbal Correlates. *Psychological Inquiry*, n. 1, p. 285- 293, 1990. Disponível em: https://www.researchgate.net/profile/Linda_Tickle-Degnen/publication/247504139_The_Nature_of_Rapport_and_Its_Nonverbal_Correlates/links/56ce0ebf08ae059e37535546/The-Nature-of-Rapport-and-Its-Nonverbal-Correlates.pdf?origin=publication_detail. Acesso em: 24 jun. 2020.

Desafios da comunicação entre cliente e advogado no século XXI

Raquel Nery Cardozo

Introdução

Pode-se dizer que o desenvolvimento das ferramentas tecnológicas está cada vez mais veloz, transformando, constantemente, o mercado de trabalho e a própria sociedade. Dentre algumas mudanças, tem-se "a automação da produção e a troca de dados, o armazenamento de informações na nuvem, e em consequência o aumento da produtividade e da padronização" (FREITAS; GOIS, 2021).

As habilidades *hard skills* se destacam no mundo global. No entanto, algumas profissões ainda dependem das habilidades *soft skills*, como ocorre nas carreiras jurídicas, em especial na relação entre o advogado e o cliente, que precisam ter o contato direto para debater, trocar informações, prestar esclarecimentos a respeito do caso e, posteriormente, entre o advogado e o julgador.

Inicialmente, serão abordadas as habilidades *hard skills* e *soft skills* do advogado para que se possa compreender melhor como o desempenho da carreira jurídica se insere no atual contexto de constante desenvolvimento tecnológico. Posteriormente, será analisado o uso de ferramentas tecnológicas na advocacia como o uso dos meios digitais no âmbito do Poder Judiciário e da inteligência artificial pelo operador do Direito.

Além disso, serão abordadas questões relacionadas ao diálogo entre o advogado e o cliente no século XXI.

Habilidades *hard skills* e *soft skills* do advogado

Pode-se dizer que as habilidades *hard skills* consistem em técnicas e específicas, geralmente relacionadas a conhecimentos adquiridos por meio de treinamento formal ou experiência prática. Essas habilidades geralmente são tangíveis e facilmente mensuráveis, como a capacidade de programar em uma linguagem de programação específica, operar uma máquina, dominar uma ferramenta de *software* ou realizar cálculos matemáticos avançados.

David McClelland enfatizou a importância das habilidades não técnicas para o sucesso no trabalho, especialmente a necessidade de habilidades interpessoais e de liderança, argumentando que estas eram igualmente importantes, se não mais, do que as habilidades técnicas para o sucesso no trabalho.

> As competências técnicas (criatividade, capacidade mental e física em lidar com a carga de trabalho, disposição para aprender novas habilidades e adaptar-se a novas tecnologias, flexibilidade etc.) do trabalhador são chamadas de *hard skills*, já as competências comportamentais/pessoais (atitudes do trabalhador em relação ao seu trabalho, confiabilidade, compromisso, precisão etc.) são chamadas de *soft skills*. Focar somente em *hard skills* ou *soft skills* não fornece um trabalhador completo, o essencial é o equilíbrio do conjunto das duas competências. (KOVALESKI, 2019)

Alguns exemplos de habilidades *hard skills* são a proficiência em língua estrangeira; o domínio em ferramentas estatísticas ou de programação; o conhecimento técnico; inteligência; visão estratégica; capacidade de assumir riscos; e desempenho no trabalho; enquanto as *soft skills* abrangem paciência; confiança; trabalho em equipe; comunicação; criatividade; ética; interação; capacidade de trabalhar com pessoas; capacidade de reunir equipes; honestidade e foco (KOVALESKI, 2019).

Na esfera jurídica, mesmo que as habilidades *hard skills* sejam de suma importância, as *soft skills* ainda têm grande relevância, embora em um contexto de veloz transformação tecnológica e de comportamento social com a adequação à nova realidade que está se consolidando, com pessoas que usam cada vez mais ferramentas tecnológicas como as redes sociais e os aplicativos de mensagens para se corresponder.

A comunicação, que consiste na transmissão de mensagens entre o emissor e o receptor, é uma habilidade essencial na advocacia, por ser uma profissão que se utiliza das relações interpessoais. Deve-se tomar cuidado para que o diálogo não se esvazie, com o surgimento de "ruídos" na comunicação entre as partes.

O advogado deve dialogar com a parte de forma a permitir o melhor entendimento a respeito das necessidades e dos objetivos do cliente, para que possa orientá-lo de forma mais eficiente e adequada.

Deve compreender os fatos e as circunstâncias do caso, assim como as expectativas do cliente, para que possa desenvolver uma estratégia de defesa ou de argumentação que seja eficaz e capaz de alcançar os resultados desejados.

Portanto, mesmo em um momento de constante evolução tecnológica, os profissionais com habilidades *soft skills* se destacam, em especial no âmbito das profissões que exigem não apenas as habilidades técnicas, mas também as habilidades interpessoais.

Pode-se dizer que ainda não se chegou a um nível de total assunção de todas as habilidades humanas pela tecnologia e, mais recentemente, pela inteligência artificial, uma vez que essas são inerentes ao homem, dotado de emoção e ética, ainda que a velocidade dos avanços seja considerada assustadora.

Uso de ferramentas tecnológicas na advocacia e a substituição do trabalho humano

É inegável que o avanço tecnológico permitiu o aumento na velocidade da realização de tarefas, redução da mão de obra humana e dos custos além da globalização da prestação de serviços, uma vez que, assim como em diversas outras carreiras, na área jurídica, em especial no âmbito do processo judicial, tem sido implantada a automação dos processos, a criação de varas 100% digitais, bem como a realização de audiências virtuais no metaverso.[20]

Até o ano de 2006, todos os processos eram físicos. Naquele ano, foi publicada a lei nº 11.419/06, dispondo sobre a informatização do processo judicial. Posteriormente, surgiram novas leis e cada Tribunal de Justiça foi editando resoluções com a finalidade de regulamentar o procedimento novo. Era o início de uma nova fase em âmbito jurídico no Brasil.

O permissivo legal para a realização de atos processuais eletrônicos é o artigo 193 e seguintes da lei nº 13.105/15 (Código de Processo Civil). Assim, o legislador autorizou a prática de atos processuais por meio de videoconferência ou outro recurso tecnológico de transmissão de sons e imagens em tempo real (CNJ, 2022).

Já o Juízo 100% Digital foi criado no mês de outubro de 2020, pelo CNJ, com a publicação da Resolução nº 345.

A pandemia causada pela Covid-19 fez com que muitas pessoas tivessem que se adaptar à nova realidade de isolamento social. E não poderia ser diferente no âmbito do processo judicial, pois um processo não poderia ficar suspenso até que a situação voltasse a permitir o retorno presencial para a prática dos atos processuais, em especial as audiências e sessões de julgamento.

Portanto, percebe-se que a criação do Juízo 100% Digital foi uma forma de permitir a continuidade desses atos, sem que as partes do processo tivessem maiores prejuízos, dando a impressão de que houve uma "antecipação"

20. Em 15 de setembro de 2022, o CNJ (Conselho Nacional de Justiça) noticiou em seu sítio eletrônico, que a Justiça Federal na Paraíba realizou a primeira audiência real do Brasil no metaverso. Disponível em https://www.cnj.jus.br/justica-federal-na-paraiba-realiza-primeira-audiencia-real-do-brasil-no-metaverso/. Acesso em 15.abr. 2023.

da sua criação para um ano em que a sociedade global foi impelida a utilizar os meios eletrônicos.

Segundo o CNJ, o Juízo 100% Digital é a possibilidade de ajuizar uma demanda judicial com a prática de todos os atos de forma eletrônica sem a necessidade da utilização do espaço físico dos Fóruns, inclusive para a realização das audiências que são realizadas por videoconferência (CNJ, Juízo 100% Digital).

> A transformação digital do Poder Judiciário é um processo colaborativo cuja automação, isto é, a possibilidade de a máquina trabalhar pelo homem, está disponível tanto por meio de robôs quanto de modelos de inteligência artificial. Para tanto, o desenvolvimento da Plataforma Digital do Poder Judiciário (PDPJ) está conjugando as soluções disponibilizadas pelos tribunais, hospedando-as de forma padronizada. As inovações da Plataforma para o processo judicial foram apresentadas na quarta-feira (24/2), no webinário Justiça 4.0. (CNJ, 2021)

Os exemplos apresentados pelo CNJ são o Processo Judicial Eletrônico (PJe), a Plataforma Sinapses – que oferece modelos de inteligência artificial em larga escala –, o Sistema de Busca de Ativos do Poder Judiciário (Sisbajud) e o robô de agendamento de audiências na ferramenta Zoom,

> permitindo que, após inserir o agendamento no PJe e acionar o robô, ele faça o agendamento no Zoom, reserve a sala, intime as partes e envie os e-mails avisando da audiência. Antes, o servidor despendia de tempo para fazer todas essas atividades manualmente, que agora podem ser realizadas com um clique. (CNJ, 2021)

Segundo o CNJ, o PJe padroniza a prática de atos processuais e permite a

> racionalização aos ganhos de produtividade nas atividades do Judiciário e também aos gastos com elaboração ou aquisição de *softwares*, permitindo o emprego de recursos financeiros e de pessoal em atividades dirigidas à finalidade do Judiciário. (CNJ, 2021)

Já o Sisbajud permite a penhora de valores dando celeridade à efetivação da tutela jurisdicional e menor onerosidade para o devedor (CNJ, Automação traz celeridade para a tramitação de processos judiciais).

Além disso, não se pode deixar de mencionar a utilização do *chatbot* na área jurídica, o que tem levantado diversas discussões. Juliano Maranhão informa que diversos estudos estão sendo feitos e que quatro pontos importantes devem nortear as investigações:

> - A construção de soluções normativas, por meio de interpretação e contraposição de argumentos, que envolvem: a) identificação das regras a serem aplicadas; b) o significado dos termos contidos nas regras perante conceitos jurídicos fundamentais; e c) a adequação das soluções indicadas pelas regras em relação a propósitos de políticas públicas e princípios valorativos;
> - Ferramentas gerais de inteligência artificial serão mais eficientes e adequadas quando forem empregadas no Direito com base em representação de conhecimento, análise e inferências típicas dos juristas;
> - Os juristas atuarão com mais qualidade e produtividade quando se desvencilharem de tarefas repetitivas e puderem ter acesso rápido e eficiente ao conhecimento específico necessário ao seu labor intelectual;
> - A inteligência artificial deve ser estudada de uma perspectiva multidisciplinar, considerando suas condições técnicas, impactos econômicos, sociais e culturais, como pressuposto de qualquer regulação ou interpretação de suas implicações jurídicas. (MARANHÃO, 2017)

O uso de robôs para realização de atos processuais como a marcação de audiências substitui o trabalho humano pelo da inteligência artificial. Mão de obra mais barata, rápida e muito eficiente, motivo pelo qual vem sendo cada vez mais utilizada.

Seria a inteligência artificial com habilidades *hard skills*, o que de certa forma gera muitos benefícios, mas há de se pensar nas consequências, como a eliminação de vagas de trabalho.

No entanto, é importante notar que a inteligência artificial não possui habilidades *soft skills*, que são ainda inerentes ao ser humano e não podem ser facilmente replicadas em uma máquina.

A comunicação entre o advogado e o cliente no século XXI

Como mencionado anteriormente, a inteligência artificial tem se mostrado capaz de realizar as atividades que dependem das habilidades *hard skills*. No entanto, as *soft skills* ainda são exclusivamente humanas.

No presente trabalho, dentre as habilidades *soft skills* do advogado, busca-se enfatizar a comunicação, em especial, entre o patrono e o cliente, mostrando a importância desse tipo de destreza em um momento de amplo uso da inteligência artificial, que pode ser utilizada para

> descrever posições jurídicas individuais (direitos, obrigações, poderes, imunidades), a partir de uma base de legislação ou de precedentes, podem também ser incorporadas em chatbots jurídicos, capazes, por exemplo, de responder a consumidores quais são os seus direitos, mesmo que derivados de obrigações impostas aos fornecedores ou sobre definições jurídicas de condutas abusivas. (MARANHÃO, 2017)

No entanto, nada obstante o avanço, a inteligência artificial ainda precisa ser aprimorada, além de envolver questões éticas e de competência para poder realizar um tipo de atividade exclusiva dos advogados e outros agentes públicos cuja atuação é permitida pela legislação.

Outrossim, a seriedade do diálogo no desempenho da atividade jurídica desenvolvida pelo operador do Direito consiste na possibilidade de ele explicar ao cliente as implicações legais de determinadas decisões e ações, além de esclarecer dúvidas sobre o processo e o sistema jurídico em geral.

É necessária a interação para que o cliente possa apresentar o litígio e o advogado entenda o que se passa e tome a diretriz adequada para solucionar a questão exposta, orientando-o sobre o que poderá ser feito. O uso de *chats* tem sido cada vez mais frequente e isso acaba por distanciar o contato entre o advogado e o cliente, o que pode ocasionar ruídos na comunicação.

Mesmo presencial, essa comunicação já corre o risco de ser mal desempenhada, principalmente quando se trata de pessoas com baixo grau de entendimento e que não conseguem exprimir a realidade dos fatos. Assim, não raras vezes, a interpretação equivocada é passível de ocorrer.

Deve-se atentar ao fato de que eventual ruído na comunicação pode desaguar em um agravamento do litígio. Por isso, é tão importante o contato físico, para que através da comunicação não verbal e da verbal se entenda a realidade da situação.

Marcelo Dolzany da Costa aborda duas formas de comunicação: a verbal e a não verbal.

> A comunicação não-verbal antecede a comunicação verbal. O homem primitivo, à falta de um código de linguagem falada, recorria a gestos e expressões faciais para traduzir sinais de perigo, alegria e ódio. (2003)

Além disso,

> pesquisas sobre o comportamento humano revelam que as pessoas não se restringem à comunicação consciente. Elas também mandam e recebem mensagens, especialmente as não-verbais, sem terem plena consciência do que estão fazendo (comunicação inconsciente). Com certeza, vê-se e ouve-se muito mais do que se pode "absorver". Por isso que se tem também investigado a força do impacto subliminar de mensagens recebidas por alguns desses sentidos. (...) Mo-

> vimentos particulares da cabeça, olhos, mãos, dedos ou ombros, são posturas que frequentemente buscam enfatizar aquilo que se fala. (COSTA, 2003)

Não é apenas entre o patrono e cliente que a comunicação é importante, justamente por se tratar de uma profissão que usa a retórica como ferramenta de convencimento do julgador da causa, devendo-se atentar ao uso da inteligência artificial nesse tipo de atuação, pois é um agir que envolve expressão corporal, tom de voz etc., para conseguir, por exemplo, convencer os jurados em um julgamento perante o tribunal do júri.

Portanto, nota-se que a habilidade em perceber a questão social não se confunde com uma análise probabilística de fatos já consumados, que é a forma como a inteligência artificial age, coletando dados preexistentes. Outrossim, questões políticas e emocionais são levadas em conta na tomada de decisões e este agir não pode ser transferido para a inteligência artificial.

Além da substituição de determinadas habilidades, o uso da tecnologia tem afastado cada vez mais as pessoas do contato físico direto, como, por exemplo, ocorre nas audiências virtuais e, mais recentemente, na audiência realizada no metaverso. Assim, deve-se tomar cuidado para que não se perca a essência das habilidades eminentemente humanas.

Destarte, nota-se que o diálogo entre o advogado e as partes é fundamental para estabelecer uma relação de confiança e transparência, o que é essencial para que o cliente se sinta confortável em confiar no advogado e seguir suas orientações e para que o advogado tenha maiores chances de obter êxito na causa demandada.

Portanto, os profissionais do Direito precisam aprimorar e desenvolver a habilidade de dialogar, dentre outras, para obter êxito em suas demandas.

Conclusão

Diante do acima exposto, pode-se verificar a diferença entre as habilidades *hard skills* e as *soft skills*. Ao mesmo tempo, diversos avanços tecnológicos estão surgindo de forma veloz e geram transformações na forma de atuação dos operadores do Direito, provocando a transferência de habilidades para a inteligência artificial, o que impacta não apenas na relação entre o cliente e o advogado, mas também no âmbito do Poder Judiciário.

Nota-se que são mudanças que agilizam o procedimento, barateiam os custos, mas também substituem a mão de obra humana. No entanto, algumas habilidades ainda são inerentes ao homem e estas merecem destaque, tal como ocorre com a comunicação, ferramenta de suma importância no âmbito jurídico, mas que tem sido redimensionada para o universo tecnológico.

É certo que o homem está competindo com a inteligência artificial no mercado de trabalho e, por isso, deve dar especial atenção às habilidades eminentemente humanas para que não perca o seu espaço.

Referências bibliográficas

CNJ. *Automação traz celeridade para a tramitação de processos judiciais*. Disponível em: https://www.cnj.jus.br/automacao-traz-celeridade-para-a-tramitacao-de-processos-judiciais/. Acesso em: 15 abr. 2023.

CNJ. *Juízo 100% Digital*. Disponível em: https://www.cnj.jus.br/tecnologia-da-informacao-e-comunicacao/justica-4-0/projeto-juizo-100-digital/. Acesso em: 15 abr. 2023.

CNJ. *Justiça Federal na Paraíba realiza primeira audiência real do Brasil no metaverso*. Disponível em: https://www.cnj.jus.br/justica-federal-na-paraiba-realiza

-primeira-audiencia-real-do-brasil-no-metaverso/. Acesso em: 15 abr. 2023.

CNJ. *Processo Judicial Eletrônico*. Disponível em: https://www.cnj.jus.br/programas-e-acoes/processo-judicial-eletronico-pje/. Acesso em: 15 abr. 2023.

COSTA, Marcelo Dolzany da. A comunicação e o acesso à justiça. *R. CEJ*, Brasília, n. 22, p. 13-19, jul./set. 2003. Conferência proferida no "Seminário sobre Acesso à Justiça", realizado pelo Centro de Estudos Judiciários, nos dias 24 e 25 de abril de 2003, no auditório do Tribunal de Contas do Estado de Minas Gerais, Belo Horizonte-MG. Disponível em: https://core.ac.uk/reader/211926060. Acesso em: 01 abr. 2023.

FREITAS, Micaella Dallagnolli; GOES, Moisés de Almeida. *Soft skills* na advocacia contemporânea e nos meios consensuais de resolução de conflitos. *International Journal of Digital Law*, Belo Horizonte, ano 2, n. 3, p. 113-131, set./dez. 2021.

KOVALESKI, Fanny. *Gestão de recursos humanos: comparação das competências hard skills e soft skills listadas na literatura, com a percepção das empresas e especialistas da indústria 4.0*. Dissertação apresentada como requisito parcial à obtenção do título de Mestre em Engenharia de Produção, do Programa de Pós-Graduação em Engenharia de Produção, da Universidade Tecnológica Federal do Paraná. Ponta Grossa, 2019.

MARANHÃO, Juliano. A pesquisa em inteligência artificial e Direito no Brasil. *ConJur*, 2017. Disponível em: https://www.conjur.com.br/2017-dez-09/juliano-maranhao-pesquisa-inteligencia-artificial-direito-pais. Acesso em: 03 mar. 23.

MCCLELLAND, D. C. (1973). Testing for competence rather than for "intelligence." *American Psychologist*, 28(1), 1–14. Disponível em: https://doi.org/10.1037/h0034092. Acesso em: 01 abr. 2023.

A *soft skill* da criatividade como diferencial no exercício da mediação e advocacia

Rosane Fagundes

> "Não há dúvida de que a criatividade é o recurso humano mais importante de todos. Sem criatividade, não haveria progresso e estaríamos para sempre repetindo os mesmos padrões."
> Edward de Bono

> "Como faço uma escultura? Simplesmente retiro do bloco de mármore tudo que não é necessário."
> Michelangelo

Nos últimos anos, o interesse pela *soft skill* da criatividade vem crescendo. A percepção de que a habilidade de ser criativo, de criar, faz diferença num mundo tão repetitivo, com a possibilidade de ampliar a visão, desconstruir conceitos. A perspectiva que Frank Berzbach (2013) traz é bem interessante quando considera a criatividade como "a arte de jogar fora", e complementa que "somente quando você for capaz de se separar das suas ideias é que haverá lugar para novas". Esse conceito do esvaziar-se para que algo novo possa surgir deposita a essência da criatividade.

Foi realizada uma pesquisa pelo Fórum Econômico Mundial, que publicou a terceira edição do relatório "O futuro das profissões" com informações relevantes tanto para as empresas quanto para os profissionais, indicando as habilidades que serão requeridas nesse novo mercado. O relatório indica que fortes habilidades cognitivas serão cada vez mais valorizadas, refletindo a crescente importância da resolução de problemas complexos no local de trabalho, destacando a necessidade de desenvolvimento de *soft skills*, e as competências mais importantes até 2025 são: pensamento analítico, resolução de problemas, pensamento crítico, criatividade, liderança, uso, monitoramento e controle de tecnologias, assim como pensamento criativo, programação, resiliência, tolerância ao estresse e flexibilidade, raciocínio lógico, inteligência emocional, elaboração de táticas que melhoram a experiência do usuário (UX), foco no cliente, análise e avaliação de sistemas, persuasão e negociação, aprendizagem ativa e estratégias de aprendizado. Ainda segundo o relatório, habilidades cognitivas sólidas serão cada vez mais valorizadas pelos empregadores, refletindo a importância crescente da solução de problemas complexos no local de trabalho. As *soft skills* mais importantes são consideradas o pensamento analítico e o pensamento criativo, e espera-se que isso continue assim nos próximos cinco anos.

Uma outra pesquisa feita pela Adobe divulgou resultados que mostram que investir em criatividade compensa com benefícios tangíveis – de maior renda a maior competitividade e produtividade nacional. As principais conclusões da pesquisa são de que a criatividade oferece benefícios para criadores, economia e sociedade.

A grande maioria dos entrevistados concorda que ser criativo é valioso para a economia (77%) e para a sociedade (82%) e que ser criativo impulsiona a autoestima. Os criadores são mais propensos do que os não criadores a se identificarem como inovadores (+27 pontos percentuais), confiantes (+21 pontos percentuais), solucionadores de problemas (+11 pontos percentuais) e felizes (+15 pontos percentuais). E ser criativo compensa: com base na renda familiar informada, os criadores dos EUA ganham 17% a mais do que os não criadores, no entanto, apenas cinco em cada 10 entrevistados (55%) se descrevem como criativos e 44% dizem que estão vivendo de acordo com seu potencial criativo.

O relatório da Adobe também trouxe alguns dados com relação a criatividade e *design*. Os benefícios da criatividade não são apenas para os indivíduos – as empresas se beneficiam ao priorizar a criatividade e um bom *design*. A maioria dos entrevistados acredita que as empresas que investem em criatividade têm maior probabilidade de promover a inovação (88%), ser competitivas (88%), proporcionar uma melhor experiência ao cliente (88%), ter clientes satisfeitos (89%) e ter sucesso financeiro (85%).

Os entrevistados também dizem que essas empresas são mais propensas a ter funcionários mais felizes (88%) e aumentar a produtividade dos funcionários (88%). 83% concordam que há uma pressão crescente para ser produtivo em vez de criativo no trabalho. No entanto, seis em cada dez (62%) dizem que se espera cada vez mais que as pessoas pensem criativamente no trabalho.

Cada vez mais se torna importante para as empresas e organizações encontrar soluções inovadoras e eficazes para problemas e desafios. A capacidade de pensar de forma criativa e encontrar novos modelos é valorizada em praticamente todas as áreas e setores, desde a inovação tecnológica até a gestão de negócios, marketing e a área jurídica.

A combinação da criatividade com outras *soft skills* é crucial para o bom desempenho dos profissionais, permitindo que encontrem soluções inovadoras para os conflitos e ajudando a implementar essas soluções de maneira eficaz e bem-sucedida. Ao desenvolver suas *soft skills*, os profissionais podem alcançar resultados mais efetivos para si mesmos e para seus clientes.

Além disso, com a automação e a inteligência artificial ganhando cada vez mais espaço no mercado de trabalho, a criatividade passou a ser vista como uma das habilidades humanas mais valiosas e difíceis de serem automatizadas. Isso aumenta ainda mais a sua importância como uma *soft skill* valiosa no mercado, além de um diferencial relevante. Todas as habilidades que não puderem ser substituídas pela inteligência artificial e pela tecnologia passarão a ser valorizadas, requeridas pelos diversos mercados e os profissionais que as desenvolverem desde já estarão saindo na frente.

Percebe-se que a criatividade será valiosa e demandada em larga escala no mundo do trabalho. E o que dizer então da criatividade como diferencial na advocacia e na mediação? Para tratar desse tema da criatividade na área jurídica, importante trazer a necessidade de uma mudança de cultura dos advogados, uma mudança de paradigma, pois o *modus operandi* atual já não cabe mais no mundo que estamos inseridos. Faz-se premente a inclusão de novos modelos e formas de pensar e atuar por parte dos advogados e mediadores, uma mudança de *mindset*.

Qual a relação entre a criatividade e o *mindset*?

A criatividade está diretamente relacionada ao *mindset* de crescimento, enquanto o *mindset* fixo pode limitar a criatividade e a inovação (DWECK, 2017). O *mindset* de crescimento é uma abordagem positiva e flexível para aprender, mudar e melhorar. Já o *mindset* fixo é uma abordagem limitada e rigidamente definida, que não permite mudanças ou evoluções.

A criatividade é uma habilidade crítica para a inovação, pois possibilita aos indivíduos enxergar soluções e desenvolver ideias novas e inusitadas. Quando combinada com o *mindset* de crescimento, pode levar à criação de ideias originais, soluções e oportunidades de negócios. Por outro lado, o *mindset* fixo pode limitá-la, já que as pessoas com esse tipo de *mindset* tendem a seguir as regras, céticas com relação a mudanças, sem buscar testar outras possíveis soluções.

A relação entre criatividade, *mindset* de crescimento e inovação é fundamental para o sucesso profissional na advocacia. A criatividade permite a criação de novas perspectivas e caminhos, enquanto o *mindset* de crescimento ajuda a implementar essas ideias de maneira eficaz. A inovação, por sua vez, é a força motriz para o sucesso e a vantagem competitiva, já que permite que os profissionais se diferenciem de seus concorrentes. Sabemos o quanto o número de advogados vem aumentando a cada ano, e diferenciar-se neste mercado é essencial. Por isso, é importante que os advogados desenvolvam o *mindset* de crescimento e trabalhem para aprimorar sua criatividade e o uso da inovação.

O desenvolvimento de um *mindset* criativo e inovador começa com a abertura à mudança e à aprendizagem constante. É importante manter-se atualizado e estar disposto a experimentar novas coisas e ideias, diferentes das tradicionais. É necessário também evitar julgamentos e preconceitos, pois eles limitam a possibilidade de ser criativo. Na advocacia, atualmente existem diversas formas de os advogados utilizarem novos modelos de resolução de conflitos, de atendimento ao cliente e de criar negócios na sua área. Ter uma postura flexível e ser *open minded* facilita a visão ampliada das situações e soluções.

Outra maneira de os advogados desenvolverem um *mindset* criativo e inovador é praticar a solução de problemas de forma criativa. Em vez de seguir as soluções convencionais, é importante buscar novas perspectivas e ideias, utilizando novas habilidades para resolver problemas antigos. Além disso, é importante ouvir a opinião de outras pessoas e enfrentar a diversidade, já que ela pode levar a soluções inovadoras. Os advogados, de modo geral, não possuem a *soft skill* da escuta ativa, o que faz com que muitas vezes seu cliente não seja escutado de modo satisfatório e não se perceba o real motivo da sua demanda, o conflito que está subjacente àquele pedido. Estar com equipes heterogêneas e multidisciplinares enriquece o campo das ideias e faz com que os advogados saiam da sua zona de conforto mental. As diferenças produzem muito mais possibilidades de construção de inovação do que estar sempre com pessoas que pensam do mesmo modo. Advogados abertos a conversar e se interessar por áreas diferentes da sua, e a trocar ideias com profissionais de áreas distintas, acabam por ter seu repertório enriquecido, e a possibilidade de surgirem *insights* destas conexões é imensa.

A importância da criatividade na mediação e advocacia

Sendo a criatividade uma das habilidades mais valorizadas pelo mercado de trabalho atualmente, como já citado, não seria diferente na área do Direito. A criatividade pode ser definida como a habilidade de criar soluções originais e eficazes para problemas complexos (NOLETO, 2021).

Na advocacia e na mediação, do mesmo modo que é fundamental o conhecimento técnico, atualmente é indispensável o desenvolvimento também de outras habilidades. Já não dá para atuar de modo arcaico. Dentre diversas habilidades, poderíamos citar a negociação, a escuta ativa, a inteligência emocional, o autoconhecimento, a gestão de crises, a comunicação assertiva, a resiliência e a criatividade. Os advogados e mediadores que desenvolvem esta capacidade de serem criativos, tanto nas possíveis opções de soluções para seus clientes, como na forma de apresentar seus argumentos, na sua comunicação e até mesmo no modo de receber seus clientes, terão grande vantagem competitiva.

Diante de tantas situações complexas, com as quais os advogados e mediadores se deparam cotidianamente, se torna um desafio para eles a mudança de atitude frente as situações conflituosas. Necessária se faz uma disrupção nos modelos tradicionais de se perceber os conflitos, as formas de solucioná-los, os procedimentos e até mesmo a cultura do litígio. Nunca foram tão evidentes as transformações sociais, pessoais e profissionais que desafiam o nosso momento.

Entretanto, será necessário para esses profissionais aprender meios de desenvolver a criatividade, o que pode ser feito através de cursos, técnicas e muita prática. Inserindo a criatividade no seu cotidiano, despertarão, como em um músculo adormecido, uma maior tenacidade, exercitando a criatividade nas diversas situações. Isso mesmo, a criatividade é uma habilidade que todos têm, mas nem todos usam; entretanto, pode ser desenvolvida por meio de diversas técnicas, que veremos mais adiante (SOUZA MATTOS, 2021).

A criatividade na área jurídica

Totalmente ligada à inovação, a criatividade é uma habilidade muito importante quando falamos de transformação nas profissões. Além disso, essa competência na advocacia e na mediação pode ser muito positiva na resolução de problemas.

A criatividade na área jurídica pode ser aplicada de várias maneiras. Por exemplo, um advogado pode usar sua criatividade para encontrar novos argumentos para usar em um caso e modelos diferentes de apresentar a proposta de trabalho para o cliente, desenhar junto com o cliente modelos de resolução do conflito, peticionar ao juiz ou até mesmo para encontrar novas formas de interpretar a lei. Isso pode ajudar a ganhar um caso que, até então, parecia improvável de vencer.

A criatividade é um diferencial, quando se requer a utilização da negociação. Pode-se utilizar, na negociação, a negociação criativa. É uma abordagem inovadora que visa criar soluções mutuamente compensadoras por meio da exploração de interesses, colaboração e geração de opções criativas. Segundo Roger Fisher e William Ury, no livro *Como Chegar ao Sim* (2018), a negociação criativa envolve a quebra de padrões fixos, a busca por interesses subjacentes e a extensão do bolo de ganhos, permitindo que as partes encontrem soluções além das posições iniciais. Essa abordagem estimula a criatividade, a escuta ativa e a flexibilidade, abrindo espaço para a inovação e para o estabelecimento de acordos duradouros – e duradouros para todas as partes envolvidas.

É parte fundamental do trabalho do advogado ser capaz de encontrar soluções criativas e inovadoras para resolver conflitos, principalmente, para questões complexas. Em vez de buscar apenas ganhar, um advogado criativo pode trabalhar para encontrar soluções que atendam às necessidades de todas as partes envolvidas em uma disputa. Isso pode envolver a elaboração de acordos personalizados ou o uso de técnicas de negociação criativa, para encontrar soluções que atendam aos interesses e necessidades de todas as partes envolvidas, evitem emoções negativas ou interfiram na negociação, e perceber o conflito de diferentes formas.

Vale a pena salientar que a criatividade também está cada vez se tornando mais importante também na atuação de juízes. Eles precisam ser capazes de encontrar soluções criativas, mais eficazes e equitativas para os casos que julgam. Isso pode incluir a criação de novos programas de sentenças alternativas, ou encontrar novas maneiras de interpretar a lei para chegar a uma decisão justa.

Um profissional criativo consegue analisar as atividades de vários ângulos. Além disso, quando falamos de inovação em escritórios de advocacia ou departamentos jurídicos, as pessoas criativas são as que irão trazer as facilidades para seu negócio, como cita o artigo *7 competências na advocacia que você precisa desenvolver*, de Tiago Fachini. Muitos escritórios, inclusive, deixam a tarefa de trazer novidades para os estagiários. Afinal, pessoas mais jovens têm maior contato com a tecnologia e conseguem trazer mais informações e ferramentas para o escritório, por exemplo, sugerindo a contratação de um *software* jurídico.

Assim como as outras competências, a criatividade também é uma habilidade que pode ser desenvolvida. Nesse sentido, é importante lembrar que você precisa sair da sua zona de conforto, incluindo diferentes práticas e hábitos na sua rotina.

Sendo mais criativos, os advogados se beneficiam tanto psicologicamente, como no pensamento crítico, melhoram sua capacidade de se adaptar às mudanças constantes na lei e na sociedade, aperfeiçoam sua retórica e seu poder argumentativo. A criatividade, enfim, permite que eles sejam mais flexíveis e abertos a novas ideias, o que é essencial para se manterem atualizados e relevantes em sua carreira, fazendo uma mudança de *mindset* com a qual os procedimentos legais passam a ser visto mais como ferramentas de uso. É para toda essa mudança que já estamos caminhando: não há como evitar a velocidade com que ocorrem em diversas esferas da nossa sociedade. Com o evento da pandemia de Covid-19, estas mudanças se aceleraram, fazendo com que tivéssemos de nos adaptar rapidamente a novos modelos, inclusive a lidar com ambiente virtual e tecnologias diversas, como também com muitos casos e problemas legais diferentes. Tendo em vista que cada caso é único, isso demanda soluções criativas.

E o que falar dos meios extrajudiciais de solução de conflitos? Certamente, são uma excelente oportunidade para advogados demonstrarem sua criatividade e inovação na prática profissional. Ao invés de continuarem na disputa judicial tradicional, os profissionais podem buscar soluções mais efetivas e personalizadas para cada caso específico, atendendo às necessidades e expectativas dos clientes de maneira mais satisfatória. Além disso, a utilização de meios extrajudiciais pode ser mais rápida, menos custosa e mais colaborativa, permitindo a preservação das relações interpessoais e a obtenção de resultados mais duradouros.

Existem atualmente diferentes formas de solução de conflitos extrajudiciais disponíveis, explorando as possibilidades de negociação, mediação, conciliação, práticas colaborativas, arbitragem, dentre outros. Esses métodos trazem muitas vantagens e maior satisfação para as partes (devendo ser avaliado qual o melhor método para cada caso específico) e auxiliam advogados e mediadores na escolha da melhor estratégia. Além disso, é importante destacar que a utilização dos meios extrajudiciais de solução de conflitos pode ser especialmente importante em áreas específicas do Direito, nas quais existe a necessidade de se trabalhar vínculos continuados, como a mediação familiar, escolar, condominial, organizacional, imobiliária, hospitalar, a negociação empresarial e na recuperação judicial, e a solução de conflitos ambientais e no agronegócio (VASCONCELOS, 2008). Determinados conflitos exigem habilidades específicas de comunicação, negociação e gestão de conflitos, sendo essencial a atuação criativa do profissional para garantir resultados efetivos e duradouros. A partir do conhecimento dos métodos, ele pode ampliar seu repertório de opções e contribuir para aprimorar a prática jurídica em benefício da sociedade, através de uma advocacia consensual e mais humanizada.

Outro aspecto da criatividade na área jurídica tem a ver com a era digital, que trouxe consigo uma série de ferramentas on-line que podem ser utilizadas para ampliar a criatividade de advogados e mediadores. Com a popularização do trabalho virtual, muitas dessas ferramentas se tornaram indispensáveis para a atuação dos profissionais do Direito. É possível, por exemplo, utilizar plataformas de videoconferência para realizar reuniões com clientes de diferentes partes do mundo, ou utilizar aplicativos de colaboração em tempo real para aprimorar a comunicação com colegas de profissão.

Com a utilização de ferramentas on-line, é possível ampliar a criatividade de advogados e mediadores, proporcionando novas possibilidades de atuação e ampliando o alcance do trabalho. A combinação de criatividade e tecnologia pode ser um importante diferencial para a atuação desses profissionais, confiantes para o aprimoramento constante da prática jurídica.

E como desenvolver ainda mais a criatividade? Os advogados podem buscar inspiração em outros campos, como arte, neurociência, *design*, empreendedorismo, negócios e tecnologia, estando constantemente abertos a novas ideias e perspectivas.

Um artigo publicado no *site* da revista *Exame* traz algumas inovações da área jurídica:

> Quando compareceu à entrevista de emprego em um escritório concorrente do seu, o advogado Giovanni Falcetta, de 33 anos, pensou ter se enganado de endereço. As mesas de trabalho eram separadas por baias de vidro e todos trabalhavam no mesmo ambiente.
>
> Seus prováveis futuros colegas estavam vestidos sem formalidade e alguns conversavam animadamente em rodas de bate-papo. Giovanni foi recebido pessoalmente por um dos sócios do escritório e, em seguida, apresentado à sala de descompressão, local dotado de televisor, vídeo game e sofás confortáveis para quem quiser se desestressar durante o expediente.
>
> Expediente, aliás, que poderia ser cumprido em *home office*, se necessário. Acostumado ao clima formal de escritórios tradicionais de São Paulo, o advogado estranhou a proposta, mas não pensou duas vezes para aceitá-la. "Eu queria mais qualidade de vida e um ambiente menos competitivo, mais acolhedor", diz.
>
> Falcetta foi contratado pelo Aidar SBZ, criado há dois anos, que ilustra a tendência dos novos escritórios de advocacia de trocar o ar sisudo da área por ambientes despojados, com políticas de RH mais atraentes para os jovens profissionais. (...)
>
> Para se destacar, os escritórios mais novos (muitos deles resultantes de cisões de bancas tradicionais) oferecem políticas de remuneração mais atraentes, flexibilidade de horário e de vestuário, treinamento e mais qualidade de vida. E em troca querem um profissional criativo, proativo, capaz de trazer e fidelizar seus clientes. Além, é claro, de ser muito bons na parte técnica" diz Carlos. (FRUET, 2013)

Essas inovações mostram para onde estamos indo e que a criatividade faz parte destes novos modelos de advocacia em que mais se faz necessário investir em relacionamento que concentrar-se no processo.

Na atualidade, os advogados estão buscando incorporar práticas criativas em suas atividades para se destacarem e oferecerem soluções inovadoras aos seus clientes. Aqui estão algumas práticas criativas que têm sido estimuladas e praticadas pelos advogados:

- *Design Thinking*: é uma abordagem que visa resolver problemas de forma criativa e centrada no usuário. Os advogados a estão aplicando para compreender melhor as necessidades dos clientes e desenvolver soluções jurídicas mais eficazes e personalizadas.
- Resolução alternativa de disputas: além dos métodos tradicionais de resolução de disputas, como o litígio, os advogados estão explorando alternativas criativas, como a mediação e a arbitragem. Essas abordagens oferecem oportunidades de encontrar soluções mais rápidas, econômicas e colaborativas para as questões legais.
- *Legaltechs* e inovação digital: o avanço da tecnologia está impulsionando a criação de *legaltechs*, *startups* que desenvolvem soluções tecnológicas para o setor jurídico. Os advogados estão adotando essas ferramentas para otimizar processos, automatizar tarefas rotineiras e oferecer serviços mais eficientes aos clientes.
- Advocacia colaborativa: envolve a cooperação entre advogados, em vez de uma abordagem adversarial. Os profissionais trabalham em conjunto para alcançar acordos mutuamente benéficos, priorizando o diálogo e a negociação. Essa abordagem criativa promove a resolução de conflitos de forma menos litigiosa.
- *Legal Design*: é uma abordagem que combina elementos do *design thinking* com o campo jurídico. Os advogados estão utilizando essa

metodologia para criar documentos jurídicos mais acessíveis, claros e visualmente atrativos, facilitando a compreensão por parte dos clientes e do público em geral.

- Advocacia *pro bono* e responsabilidade social: muitos advogados estão dedicando parte do seu tempo para realizar trabalhos *pro bono*, ou seja, oferecer serviços jurídicos gratuitos para pessoas carentes ou organizações sem fins lucrativos. Essa prática criativa visa promover o acesso à justiça e contribuir para o bem-estar social.
- *Brainstorming:* é uma reunião com pessoas com diferentes perspectivas e ideias sobre um conflito ou caso jurídico, que pensam em soluções factíveis, criativas e inovadoras.
- Inteligência Artificial: cada vez mais utilizada, como no caso do Chat GPT, para suporte na criação de modelos, textos, pesquisa, artigos, formas de interagir com os clientes. Diversos *softwares* e plataformas digitais, aplicativos e *sites* já funcionam como aceleradores nos escritórios, principalmente nas atividades rotineiras, fazendo com que os advogados tenham mais tempo para se dedicar a uma advocacia mais humanizada.

O cenário jurídico está em constante evolução, e a criatividade desempenha um papel fundamental na busca por soluções inovadoras e eficientes para os desafios legais. Fato é que toda essa tecnologia aliada à criatividade proporciona soluções personalizadas, o que é uma das chaves para o sucesso na advocacia. Isso pode ser alcançado ao criar estratégias únicas para cada cliente, considerando suas necessidades e seus objetivos específicos. Além disso, é importante manter-se atualizado sobre as tendências e mudanças, para oferecer as soluções mais inovadoras e eficazes para os seus clientes.

A criatividade na esfera jurídica também pode ser encorajada por meio da formação continuada e do trabalho em equipe. Por exemplo, a leitura de livros e artigos sobre criatividade e inovação, assim como a participação em treinamentos e *workshops*, pode ajudar a estimular a criatividade. Além disso, o trabalho em equipe pode ser uma excelente fonte de inspiração e motivação, uma vez que permite a troca de ideias e perspectivas com outros profissionais da área jurídica.

Como diz Renata Vilas-Boas (2021), ser criativo é essencial para a prática do Direito, uma vez que o conhecimento técnico e a habilidade de comunicação são apenas o ponto de partida para um advogado efetivo. Realmente, haja vista o avanço cada vez maior da tecnologia, o diferencial do advogado advirá da sua capacidade de criar e se humanizar.

A criatividade na mediação

A criatividade é particularmente importante na mediação, na qual o objetivo é encontrar uma solução mutuamente aceitável para as partes envolvidas. Um mediador criativo pode utilizar técnicas inovadoras para ajudar as partes a chegar a uma solução aceitável, além de ser capaz de enxergar soluções onde outros não conseguem. Essa habilidade também é valiosa para ajudar as partes a chegar a uma solução que atenda a seus interesses e necessidades. Estimulando o pensamento criativo das partes, ajudando-as a incluir ideias novas para problemas antigos, amplia-se a percepção que têm do próprio conflito e se legitima a busca da solução mais adequada ao caso específico, apesar de todos os impasses que possam surgir durante o processo. Isso faz com que os possíveis acordos sejam mais eficazes e o comprometimento no seu cumprimento, mais real.

Os mediadores de conflito podem ser mais criativos na sua área de atuação usando algumas técnicas e práticas, das quais citarei algumas:

- Técnicas de pensamento criativo, como *brainstorming*, em que as ideias podem ser geradas livremente, sem julgamento, estimuladas pelo mediador. Essa técnica pode ser particularmente útil em disputas complexas em que há vários problemas a serem resolvidos.

- Inclusão de outras áreas na sua formação, tais como sociologia, negociação, psicologia, neurociência, constelação familiar[21], o que pode ajudar a inspirar novas perspectivas e ideias para lidar com conflitos.
- Metáforas e histórias, para ilustrar situações e ideias, o que pode ajudar as partes envolvidas a ver as coisas de forma diferente e encontrar soluções inovadoras.
- Comunicação não verbal criativa, como desenho ou dramatização, para ajudar as partes envolvidas a expressar seus sentimentos e ideias. Criando um ambiente seguro e confiável, os mediadores podem encorajar as partes envolvidas a serem mais abertas e honestas, e isso pode levar a soluções criativas e inovadoras.
- *Mediation Design*, uma abordagem criativa que combina a mediação tradicional com ferramentas de *design thinking*, para ajudar as partes envolvidas a encontrar soluções inovadoras para seus conflitos. Este modelo tem sido aplicado com sucesso em vários casos, ajudando a criar soluções mais eficazes e satisfatórias.
- *Visual Thinking*, uma ferramenta que faz o indivíduo organizar os seus pensamentos de forma visual, o que facilita o processo de aprendizagem e a projeção de novas ideias. Esta técnica pode ser muito útil ao mediador, que facilita a visualização do problema pelos mediandos utilizando-se de desenhos que expressam os pensamentos

---

21. Bert Hellinger é o fundador da Constelação Familiar (*Familienstellen*). Começou sua pesquisa sobre o fenômeno da representação em 1978 e descobriu as ordens básicas da vida, que ele chamou de "Ordens do Amor". Estas ordens formam a base da Constelação Familiar. Mais informações em: https://www.hellinger.com/pt/constelacao-familiar/.

deles, em circunstâncias em que as palavras não estão funcionando e há uma dificuldade na comunicação, o que torna esta técnica mais uma possibilidade de clareza nas ideias trazidas por eles.

- A Teoria dos jogos de John Nash, que também pode ser aplicada ao pensamento criativo em conflitos (RÍOS, 2018). De acordo com Nash, em situações de conflito, as partes envolvidas devem buscar soluções que maximizem seus ganhos, o que é conhecido como o equilíbrio de Nash. No entanto, é importante notar que nem sempre essa é a solução mais satisfatória para todas as partes envolvidas. Nestes casos, é necessário buscar soluções criativas que maximizem os ganhos de todas as partes, ao invés de apenas uma delas.

Outra abordagem que se faz necessária é sobre as ODRs (Resolução de Disputas On-line), que têm se mostrado uma ferramenta valiosa para o desenvolvimento da criatividade dos advogados e mediadores. Com a crescente utilização das tecnologias da informação e comunicação no campo da resolução de conflitos, os profissionais têm se adaptado a novas formas de atuação, o que estimula a busca por soluções criativas e inovadoras para os problemas que surgem no processo.

Com as ODRs, é possível utilizar ferramentas digitais para facilitar a comunicação entre as partes, além de fornecer o acesso a informações e documentos relevantes de maneira rápida e eficiente. Isso contribui para a criação de soluções mais ágeis e personalizadas, levando em conta as necessidades específicas de cada caso. Além disso, as ODRs também incentivam a colaboração e a negociação entre as partes, permitindo que elas encontrem juntas a melhor solução para a questão em disputa. Dessa forma, os advogados e mediadores precisam desenvolver habilidades como empatia, comunicação e pensamento criativo para encontrar soluções que atendam às necessidades de todos os envolvidos.

Em suma, a utilização das ODRs no campo da resolução de conflitos tem se mostrado uma importante aliada no desenvolvimento da criatividade dos advogados e mediadores, servindo para aprimorar as habilidades necessárias para a resolução de problemas de forma eficiente e inovadora.

Percebe-se a multiplicidade de campos em que a criatividade tem se feito necessária, e existem muitos modos de despertar o lado criativo na prática profissional para acompanhar os novos tempos. Um mediador criativo pode utilizar dessas e de muitas outras técnicas inovadoras para ajudar as partes a chegar a uma solução aceitável, além de ser capaz de enxergar soluções onde outros não conseguem. Essa habilidade é valiosa para ajudar as partes a chegar a uma solução justa e satisfatória e para ser um profissional diferenciado no mercado. O melhor de tudo é que a transformação ocorre com todos os envolvidos, inclusive com o próprio mediador.

Em conclusão, a criatividade é uma habilidade interpessoal muito valiosa para os mediadores, pois pode levar a soluções de conflitos mais eficazes e inovadoras. Ao promover a participação e a colaboração, quebrando impasses e promovendo soluções coconstruídas dos problemas, os mediadores podem facilitar com mais técnica que as partes encontrem acordos mutuamente benéficos, e que jamais poderiam ter sido pensados por meio de métodos tradicionais de negociação. À medida que a profissão jurídica continua a evoluir e enfatizar a importância das *soft skills*, é essencial que os mediadores desenvolvam suas habilidades criativas para atender melhor seus clientes, suas demandas e promover resultados mais customizados às necessidades deles. Cada caso, em sua especificidade e complexidade, exigirá acuidade nas escolhas que as partes fazem e nas possibilidades que podem ser ampliadas através do estímulo criativo do mediador.

Citamos aqui apenas alguns exemplos de modelos criativos, pois são diversos os que estão sendo utilizados por mediadores e advogados. A chave criativa para o sucesso, então, é encontrar o modelo, ou modelos, que melhor se adapte às necessidades do seu negócio, às suas próprias e às necessidades e interesses de seus clientes. O profissional que, através de autoconhecimento, auto-observação e prática diária, desenvolver este músculo da criatividade e nunca mais parar de exercitar será mais autêntico e original, obtendo mais êxito na sua carreira.

Desafios à criatividade na mediação e advocacia

Alguns advogados e mediadores podem ter dificuldade em desenvolver sua criatividade devido a uma mentalidade rígida e a um medo de experimentar soluções criativas. Isso pode impedir que eles vejam soluções inovadoras e criativas, e limitar a força de suas habilidades. Para superar essas dificuldades, é importante que os profissionais adotem uma mentalidade de crescimento e estejam dispostos a experimentar novas abordagens e ideias.

Um passo importante para superar essa mentalidade rígida é abrir-se ao novo, permitir expandir seus horizontes e aprender sobre diferentes ideias e técnicas. Como já mencionado, isso pode ser feito através de treinamentos, leitura de livros, participação em fóruns e *workshops*, ou colaboração com colegas em situações que possibilite o exercício da criatividade. Ao aprender sobre as diversas possibilidades desta *soft skill*, estarão oportunizando uma mudança enorme em sua forma de ver, sentir e atuar. Com a expansão, poderão se dar conta de muitos talentos e ideias que estavam dentro de si, apenas esperando para ganhar forma.

Mas existe o medo... O medo de parecer inadequado, de sair dos padrões, de experimentar soluções criativas. Esse receio pode ser superado através da prática. Os profissionais devem estar dispostos a experimentar, arriscar, ousar, criar, mesmo que isso signifique sair da sua zona de conforto e torná-los vulneráveis por um tempo. É importante que se aprenda mudar o conceito de sucesso ou derrota, passando a perceber tudo como oportunidade de aprendizado e evolução, e não mais com o perfeccionismo ou a exigência do acerto. Ao experimentar ideias mais criativas, esses profissionais podem descobrir novos métodos para resolver conflitos, alguns até mesmo nem muito testados, aprimorar suas habilidades no processo e participar ativamente da construção de realidades diversas das que percebiam.

Vemos mais algumas dificuldades dos advogados e mediadores para desenvolver a habilidade criativa, dentre elas:

- Constrangimentos legais e regulatórios: um dos maiores obstáculos para os advogados e mediadores desenvolverem a habilidade criativa é o rigoroso sistema legal e regulatório no qual eles trabalham. Muitas vezes, essas restrições podem limitar a capacidade dos profissionais de pensar disruptivamente e lançar-se no mundo da experimentação. Isso pode tornar um grande desafio para eles desenvolverem e implementarem soluções criativas, haja vista que, quanto mais apegados forem ao modelo antigo, mantendo um *mindset* fixo, mais dificuldades terão neste caminho. Um exemplo é a utilização das redes sociais, que hoje são essenciais para a visibilidade do profissional e que muito advogados e mediadores ainda resistem a utilizar.
- Cultura tradicional: outra dificuldade que os advogados e mediadores enfrentam ao desenvolver a habilidade criativa é a natureza conservadora da área jurídica, que pode levar os advogados a seguirem o precedente e as soluções convencionais. Muitas vezes, há uma forte ênfase na conformidade e na obediência às regras, o que pode dificultar a implementação de soluções inovadoras. Além disso, a tradição do setor pode ser vista como um obstáculo para o desenvolvimento da criatividade, já que muitos profissionais são treinados para seguir os padrões já estabelecidos, e não explorar so-

luções nem experimentos fora do senso comum. Essa resistência à mudança pode ser tanto pela percepção externa como interna, pois a autoconfiança, a inteligência emocional e estar disposto a correr riscos são necessários tanto na inovação de práticas como na quebra de paradigmas.

- Falta de tempo e recursos: advogados e mediadores lidam diariamente com questões complexas e muitas vezes conflituosas, o que exige atenção cuidadosa aos detalhes e uma abordagem muito estruturada para a resolução de problemas. A carga de trabalho, frequentemente intensa, pode impedi-los de dedicar tempo suficiente para ampliar as perspectivas, ser disruptivos e desenvolver mecanismos de solução diversos. Como resultado, boa parte desses profissionais podem sentir que têm pouco tempo para serem criativos em sua prática. Além disso, a falta de recursos, como treinamento e ferramentas, pode tornar difícil para eles implementarem esse novo modelo no seu trabalho diário. É importante, no entanto, que encontrem maneiras de integrar a criatividade em sua prática.
- Medo de fracassar ou ser julgado: algo que também pode impedir que os advogados experimentem novas ideias e perspectivas. Inovar sempre vai levar ao risco e à inevitável situação vulnerável que precisa passar o inovado. Brené Brown (2013) nos fala sobre isso ao dizer que "ficar vulnerável é um risco que temos que correr, se quisermos experienciar conexão. Vulnerabilidade é o berço da inovação, criatividade e mudança."
- Formação acadêmica: a formação jurídica tradicional tende a enfatizar a doutrina e a aplicação rígida da lei, o que pode limitar a criatividade dos advogados e mediadores. Muitos estudantes de Direito são ensinados a pensar de forma linear e a buscar soluções inspira-

das em precedentes, em lugar de explorar abordagens mais inovadoras para a resolução de conflitos. Além disso, a formação jurídica muitas vezes não inclui treinamento em habilidades criativas, o que pode levar a uma falta de confiança em explorar soluções disruptivas. Como resultado, muitos advogados e mediadores podem sentir que não têm as ferramentas necessárias para serem criativos em sua prática. Para superar essa limitação, é importante que busquem ler livros e fazer cursos sobre criatividade e arrisquem começar uma mudança no seu *mindset*.

Essas são apenas algumas das razões pelas quais os advogados e mediadores podem ter dificuldade em desenvolver e ampliar a utilização da criatividade. Por esse mesmo motivo, cada vez mais, profissionais que fazem essas mudanças e se abrem para sua própria criatividade e versatilidade se tornam destaque na área.

Apesar dessas dificuldades, o ponto de virada para a superação é encontrar maneiras de equilibrar as restrições regulatórias com a necessidade de pensar com inovação e oferecer soluções mais ousadas, criativas e satisfatórias para seus clientes, trazendo um novo olhar para seu modo de atuar e para a forma como percebem os conflitos. Além de agregar valor à sua prática profissional.

A importância de desenvolver a criatividade na mediação e advocacia

Em suma, a criatividade é uma *soft skill* fundamental para advogados e mediadores inovadores, que estão na vanguarda e que desejam ter sucesso em suas carreiras.

A capacidade de ser disruptivo e desenhar soluções "fora da caixa" e inovadoras para problemas complexos e que sempre foram tratados do mesmo modo, é cada vez mais valorizada no mercado jurídico. Ao desenvolver essa habilidade, os profissionais da área podem oferecer um serviço mais diferenciado e eficaz para seus clientes, além de se destacarem em um mercado cada vez mais competitivo. Portanto, é importante que busquem constantemente desenvolver sua criatividade, seja por meio de treinamentos específicos, de experiências diferenciadas ou do contato com outras áreas do conhecimento.

A criatividade surge como uma *soft skill* essencial para advogados e mediadores que desejam empreender em suas carreiras. A capacidade de pensar de forma inovadora e encontrar soluções fora do convencional é um diferencial competitivo no mundo jurídico em constante evolução.

Ao cultivar a criatividade, esses profissionais se tornam mais eficientes na resolução de problemas complexos, na busca por alternativas de resolução de disputas e na oferta de serviços jurídicos diferenciados aos clientes.

Além disso, a criatividade também desempenha um papel fundamental na adaptação às demandas do mercado e nas oportunidades de empreendedorismo.

Advogados e mediadores criativos estão abertos a explorar novas áreas de atuação, identificar nichos de mercado não atendidos e desenvolver modelos de negócios inovadores. Eles conseguem enxergar além das práticas tradicionais, adotando tecnologias e estratégias disruptivas que agregam valor aos seus serviços. Em última análise, a criatividade permite que esses profissionais se destaquem em um cenário competitivo, impulsionando o crescimento de suas carreiras e proporcionando melhores resultados.

Referências bibliográficas

ADOBE. *State of Create 2016.* Disponível em: https://news.adobe.com/news/news-details/2016/Creativity-Pays-Global-Survey-From-Adobe-Links-Being-Creative-to-Stronger-Personal-and-Professional-Success/default.aspx. Acesso em: 15 jun. 2023.

BERZBACH, Frank. *Psicologia para criativos.* São Paulo, Gustavo Gili, 2013.

BROWN, Brené. *A coragem de ser imperfeito.* Rio de Janeiro: Sextante, 2013.

DE BONO, Edward. *O pensamento criativo.* Petrópolis: Vozes, 1970.

DWECK, Carol. *Mindset: a nova psicologia do sucesso.* Tradução: S. Duarte. Rio de Janeiro: Objetiva, 2017.

FACHINI, Tiago. *7 Competências na advocacia que você precisa desenvolver.* 30/11/2020. Atualizado em: 15/05/2023. Disponível em: https://www.projuris.com.br/blog/competencias-na-advocacia. Acesso em: 15 jun. 2023.

FRUET, Helena. Os escritórios de Direito ficaram bem mais modernos. *Exame.com.* 25/12/2013. Disponível em: https://exame.com/carreira/novos-escritorios-para-novos-tempos/. Acesso em: 15 jun. 2023.

HELLINGER, Bert. *Ordens do Amor: um guia para o trabalho com constelações familiares.* São Paulo: Cultrix, 2003.

NOLETO, Cairo. *Criatividade: o que é e como desenvolver essa soft skill?* 15/04/2021. Disponível em: https://blog.betrybe.com/soft-skills/criatividade. Acesso em: 20 abr. 2023.

RÍOS, Anibal Sierralta. *Negociação e Teoria dos Jogos.* São Paulo: Revista dos Tribunais, 2018.

SOUZA MATTOS, B. O desenvolvimento das soft skills pelo profissional da advocacia para aplicação nos métodos alternativos de resolução de litígios. *Revista de Ciências Jurídicas e Sociais - IURJ,* [S. l.], v. 2, n. 1, p. 137–152, 2021. DOI: 10.47595/cjsiurj.v2i1.32.Disponível em: https://revista.institutouniversitario.com.br/index.php/cjsiurj/article/view/32. Acesso em: 07 jun. 2023.

URY, William; FISHER, Roger; PATTON, Bruce. *Como chegar ao sim: a negociação de acordos sem concessões.* Rio de Janeiro: Sextante, 2018.

VASCONCELOS, Carlos Eduardo de. *Mediação de conflitos e práticas restaurativas*. São Paulo: Método, 2008.

VILAS-BÔAS, Renata. A criatividade na advocacia. *JOTA*, 2021. Disponível em: https://www.jota.info/opiniao-e-analise/artigos/a-criatividade-na-advocacia-11012021. Acesso em: 20 abr. 2023.

WORLD ECONOMIC FORUM. *The Future of Jobs Report 2020*. Disponível em: https://www.weforum.org/reports/the-future-of-jobs-report-2020. Acesso em: 15 jun. 2023.

Compreender a Teoria do Conflito: uma vantagem estratégica para o advogado atual

Suzane de Almeida Pimentel Nogueira

Introdução

O presente trabalho procura compreender as características universais e os elementos essenciais da espécie conflito, do gênero relação social, tendo como foco a importância do entendimento destes conceitos para uma melhor atuação dos operadores de conflito, visto que sua forma de nele atuar gerará consequências a curto e longo prazo.

Trabalha-se com a ideia no campo do reconhecimento de um novo paradigma de gestão adequada dos conflitos para que possa ser apurada, através de critérios lógicos, a melhor forma de intervenção para a busca de uma solução mais justa e comprometida com o fortalecimento das relações na busca da paz social. Isto porque partimos da ideia de conflito não como algo patológico, mas como uma possibilidade de mudança positiva, o que traz uma responsabilidade maior no tratamento de um evento conflituoso. A partir destes pressupostos, serão lançados novos olhares, com uma perspectiva analítico-crítica, com o intuito de proporcionar uma visão criativa no que tange à forma de lidar e assessorar indivíduos envolvidos em situações de conflito. Para tanto, será utilizado o método de pesquisa bibliográfica.

A proposta deste texto é trazer as noções elementares da Teoria do Conflito de Remo Entelman e a sua importância na definição do caminho escolhido para intervir no conflito. Trata-se de uma abordagem que permite ao advogado ir além da simples aplicação do ordenamento jurídico, corroborando com a possibilidade de adoção de uma postura mais estratégica e colaborativa.

Em uma analogia com a relevância de um bom diagnóstico, por parte de um médico, para que possa oferecer a seu paciente o melhor tratamento, entende-se que é vital para o operador de conflito conhecer as suas estruturas e características para que, após uma análise acurada de seus elementos, possa refletir sobre a melhor forma de tratamento da questão.

É relevante considerar que o conflito pode ser algo surpreendente no sentido de trazer alguma mudança positiva, mas isso dependerá da abordagem feita para seu tratamento e as formas de atuação levarão a um ou outro resultado no que tange a ser considerado positivo ou negativo. Nisto reside a importância deste conhecimento para o advogado contemporâneo.

Entendendo os conceitos fundamentais do conflito

De acordo com Eduard Vinyamata, em seu livro *Conflictología: Curso de resolución de conflictos*, metade da população humana dedica-se à fabricação e contribuição para o bem-estar geral, enquanto a outra metade se dedica a protegê-lo. Desde os tempos antigos, muitas pessoas têm se dedicado à criação de bens e serviços para sustentar a vida, como o cultivo de terras, a produção e o transporte de alimentos, roupas e sistemas de comunicação, bem como a construção de edifícios, máquinas e a fabricação de medicamentos e outros objetos essenciais para viver confortável e dignamente.

Enquanto isso, a outra metade da população, com maior ou menor fortuna, se dedica a oferecer sistemas de segurança, proteção, restauração e defesa contra conflitos e agressões de terceiros, bem como ajudar a prever e buscar soluções para crises, encontrar a paz entre familiares, ser conciliador ou facilitador entre colegas e companheiros de trabalho, pacificar, resolver litígios e solucionar problemas de significado. Entre os profissionais que atuam nesta área, incluem-se conselheiros, psicólogos, assistentes sociais, advogados, filósofos, policiais, militares, entre outros, que são os chamados "operadores de conflito".

Ocorre que, muitas vezes, inadvertidamente, acabamos separando a razão de existir dessas profissões e perdendo de vista sua verdadeira função. Ao invés de servir como meio de solucionar conflitos, elas, em várias situações, acabam alimentando a discórdia e intensificando as divergências. É comum vermos casos em que a busca por solução através do Judiciário, longe de pacificar as partes, acaba por exacerbar ainda mais o conflito, servindo muitas vezes como ferramenta de vingança.

A Teoria do Conflito é uma área de estudo que se concentra na análise das disputas entre indivíduos, organizações ou grupos. Para os advogados, a compreensão desta teoria é fundamental, porque o conflito é uma das principais razões pelas quais as pessoas procuram a sua ajuda. Ao entender como os conflitos surgem, se desenvolvem e se resolvem, os advogados podem fornecer aos seus clientes uma estratégia mais eficaz para lidar com eles e alcançar o melhor resultado possível em seus casos. A compreensão desta teoria também pode ajudar a identificar áreas de oportunidade para a resolução de conflitos fora do sistema judiciário, o que pode resultar em economia de tempo e dinheiro para seus clientes.

Como as doenças, os conflitos nos indicam que alguma coisa está acontecendo e que podemos retardar, mas não impedir suas consequências. Neste sentido, são situações que nos permitem avançar, melhorar, prever sua função regeneradora, contribuindo para crescimento, oportunidade, possibilidade de inovação, mudança, regeneração, estímulo, melhora, descobrimento.

Porém, é possível que o conflito signifique destruição, dominação, alienação, angústia, frustração, guerra, desgraça, dor, sofrimento, bloqueio e violência. Nestes casos, podemos pensar que se está produzindo uma disfunção, um erro mais ou menos grave, que forçará mudanças traumáticas que acabarão prejudicando, em maior ou menor medida, todas as partes envolvidas.

Para uma melhor compreensão, podemos fazer uma analogia com um raio em um dia chuvoso. A depender de onde ele caia e do tratamento que recebe, pode ser bom ou ruim. Pensemos em um raio que afeta uma floresta seca. Caso suas consequências não recebam o tratamento adequado, é possível dizer que o fogo se alastrará e acabará com toda a vegetação no entorno. Por outro lado, quando a energia desprendida deste fenômeno é aproveitada, é possível dizer que o meio adequado para solucionar a questão tornou o evento uma oportunidade de melhora.

A afirmação de que os fins justificam os meios não é mais que uma falácia, um engano, que tem a finalidade de obter carta branca, inclusive quando resulta evidente que o que se está produzindo resulta claramente ineficaz e inconveniente.

Em última instância, queremos entender os conflitos para poder enfrentar melhor, pôr em valor os aspectos positivos, de mudanças e inovação, que existem em muitos deles e, paralelamente, neutralizar todo o negativo que as situações conflitivas geram (REDORTA, 2019, p.32).

Em primeiro lugar, analisar um conflito significa defini-lo e categorizá-lo, explicar suas gêneses e situá-lo em um contexto, para ter uma adequada compreensão. Porém, se vamos tomar a decisão de enfrentar um conflito, uma boa elaboração dele parece imprescindível para realizar uma intervenção correta. Alguns autores tratam esta análise como mapeio do conflito.

Ao longo de uma interferência no processo de enfrentamento dos conflitos, é necessário um plano de ação que vá além das estratégias e táticas convencionais. Trata-se de manifestações cuja missão consiste em facilitar o processo, possibilitar a negociação e apartar os obstáculos que impedem a resolução. Mas, para que isso seja possível, é necessário que o advogado tenha a compreensão de todas as nuances de um conflito. Uma analogia possível seria dizer que, como um médico, que antes de tratar uma doença precisa fazer um diagnóstico acurado, ao advogado é impossível tratar um conflito antes de analisar seus principais elementos para uma intervenção apropriada.

Conforme ensina Remo Entelman, em seu artigo *El conflicto: dilema para abogados*,

> Com efeito, o que uma sociedade espera de seus advogados é muito mais que informação sobre seus direitos e obrigações. É também mais que assistência ou representação profissionalizada para atuar em juízo. Sempre se pretendeu que os advogados a representem ou a assistam quando negociam, celebram contratos ou realizam outros atos geradores de normas, quer dizer, originadores de relações mais ou menos duradouras que contêm, em seu desenrolar, direitos e obrigações recíprocas para as partes e para terceiros. (*Tradução nossa*).

Prossegue o autor, dizendo que:

> Sempre houve mais, só que nós, advogados não podemos ter consciência disso até que abandonemos por um momento nossa estrutura normativa de pensamento e tratemos de divisar nossa atuação dentro de um campo mais amplo, mais compreensivo, mais universal, que outras disciplinas descrevem. (*Tradução nossa*).

Para o autor, um conflito, em linhas gerais, é uma espécie ou classe de relação social em que há objetivos de distintos membros da relação que são incompatíveis entre si (2002, p.49).

Remo Entelman ensina que nem todo conflito tem uma possível resolução no sistema de regulamentação legal, visto que a maior parte das disputas entre particulares não se dão entre uma pretensão legítima e outra ilegítima. Pode acontecer que alguém pretenda o que, no ordenamento jurídico, não lhe está proibido pretender e que, a alguém que se negue satisfazer tal pretensão, não esteja proibido negar. Também ocorre que alguém pretenda alcançar um objetivo que, em que pese ser incompatível com o de seu oponente, lhe está permitido pretender. Duas posições no primeiro caso, duas pretensões no segundo, ambas opostas e incompatíveis, ambas legítimas.

Estas relações exigem do advogado algo mais do que aquilo que fomos treinados para realizar, porque não acontecem no âmbito da aplicação das normas concretas do Direito. Ocorrem na área que todo sistema determina como o permitido, ou seja, do que não está proibido, ficando assim o advogado limitado a encontrar soluções por meio do processo judicial.

O conflito de que aqui trataremos é aquele que necessita da existência do outro para existir, o que implica dizer que não nos deteremos em observar os conflitos internos e individuais. O que se deve ressaltar é que não importa se falamos de uma simples disputa diádica, como, por exemplo, entre um casal ou o complexo fenômeno de disputa entre duas nações: o fato é que nestes conflitos existem elementos que são comuns e universais.

Todo conflito, segundo Remo Entelman, tem sua parte estática e sua parte dinâmica. A expressão "Estática do Conflito" parece contraditória quando se refere à descrição de um objeto, o conflito, que conforme definição do próprio autor, é uma relação social, ou seja, uma sequência de condutas recíprocas. Tal sucessão de condutas é, obviamente um processo dinâmico, porém, quando fala em processo estático, Entelman tem a intenção de qualificar uma análise de características do conflito e, portanto, há uma consciente licença de linguagem que somente tem a intenção de ser pedagógica (2002, p.76).

Os elementos estáticos referem-se então a características que são comuns a todo conflito, quer seja um conflito entre nações ou um conflito entre cônjuges. Estão entre os elementos estáticos os atores do conflito, que podem ser individuais ou coletivos (organizados ou não). Cabe ressaltar que, independente de quem são os atores, todos os enfrentamentos de que nos ocupamos são protagonizados por indivíduos, ainda que estes estejam representando um grupo maior.

A consciência do conflito por seus atores é um outro elemento estático importante. Esta é compreendida pelo produto intelectual em que o ator admite encontrar-se com respeito ao outro ator em uma relação, em que ambos têm, ou creem ter, objetivos incompatíveis. Não há que se confundir com a percepção do conflito, visto que a percepção é o conteúdo com que acedem ao nosso intelecto os dados externos relativos a fenômenos tais como condutas, atitudes, pretensões, intenções, riscos ou ameaças. Neste contexto, é possível que alguém tenha a percepção da incompatibilidade dos objetivos, mas não tenha consciência do conflito.

Os objetivos dos atores são outro elemento importante para definir uma situação conflitiva. Os atores conflituam para obter seus objetivos, que, muitas vezes, são incompatíveis com os do outro. A doutrina divide em objetivos concretos, simbólicos ou transcendentes:

- Os objetivos concretos são mais ou menos tangíveis e suscetíveis de ser pensados como divisíveis. Sua obtenção implica a automática satisfação das pretensões de quem está no conflito.
- Já os objetivos simbólicos se encontram no meio daqueles em que não são a última meta desejada pelo ator do conflito, mas, sim, representam uma outra meta. Em alguns casos, quando uma das partes, mais do que alcançar seu objetivo, deseja provocar alguma perda para o outro, estamos diante de um objetivo simbólico, e a partir daí as soluções se tornam mais difíceis.
- Como objetivos transcendentes estão aqueles em que um valor está

posto como objetivo porque não é visto como ligado a um objetivo tangível e divisível. Como exemplo, temos um ator digno de um crédito pelo qual não aceita nenhuma negociação, visto que considera uma imoralidade a dívida em si e, desta forma, não aceita nada diferente do pagamento integral.

O teórico do conflito refere-se ao poder como um elemento estático do conflito de grande importância. As relações de poder devem ser analisadas para que possa se trabalhar a questão. Entende-se por poder o conjunto de recursos de qualquer índole de que dispõe cada ator, ou crê dispor, para procurar seu objetivo (ENTELMAN, 2002, p. 125).

Os atores de um conflito dispõem, ou pensam dispor, de recursos de distintas índoles para buscar seus objetivos. Entre esses recursos, temos: ameaças, ofertas, propostas combinadas de ameaças e ofertas, influência, persuasão, alianças com terceiros, poder de convicção, autoridade moral, prestígio frente ao adversário, recursos bélicos, jurídicos, informações, entre outros.

A relatividade do poder é um conceito absolutamente importante para o gestor do conflito, uma vez que está referida a qual é o peso dos recursos de uma parte em comparação com os da outra. Ademais, o cálculo de poder deve ser realizado, para uma intervenção eficiente, analisando-se a confrontação e o uso, por cada um dos atores, de parte de seu poder nos primeiros passos da interação conflitiva. Deve-se calcular os seguintes aspectos para realizar uma medição de poder adequada:

a) A probabilidade de que se produza o efeito que se procura obter com o recurso do qual se pretenda utilizar;
b) O número de destinatários a que está dirigido o poder;
c) O grau de modificação da conduta de uma parte pela utilização do poder da outra;
d) O grau em que uma das partes restringe as alternativas da outra.

Um último, mas não menos importante, elemento do conflito é o que é chamado pelos teóricos como o terceiro. Entre os terceiros que participam do conflito, é possível identificar os seguintes: aliados, protetor de algum dos campos conflituais, o terceiro beneficiário, aquele que, como diz Entelman citando George Simmel, se beneficia de alguma forma do conflito. É importante ressaltar que estes terceiros podem se ver afetados pela resolução de forma direta ou indireta e podem influir em sua resolução. Assim sendo, é possível que sejam trazidos a uma negociação ou até mesmo escutados para expressar sua opinião e, quem sabe, colaborar com a construção de uma solução.

Por fim, como a parte dinâmica do conflito, Remo Entelman (2002, p. 166) refere-se à intensidade da conduta conflitiva. Este conceito está vinculado com a intensidade dos meios ou recursos de poder que utilizam as partes em busca de seus objetivos. É importante realçar que, conforme sustenta o autor, a intensidade do conflito aumenta não só pelas utilizações dos recursos, mas também pela mera ameaça de utilizá-los.

> Aqui deve-se entender que, ao falar de utilização de recursos, se inclui também a ameaça a esta utilização. Um conflito entre particulares aumenta de intensidade não somente quando se inicia uma querela penal. Em um conflito internacional aumenta também quando se produz uma invasão. A intensidade aumenta também quando se ameaça realizar algum destes atos. (2002, p.166) (*Tradução nossa*)

A tendência a aumentar o nível de intensidade dos conflitos se percebe quando os atores estão ligados por sentimentos positivos, assim como quando seus sentimentos são reciprocamente hostis. Aqui, a importância do papel do advogado como gestor de conflito atuante será fundamental, visto que poderá contribuir com a escalada ou "desescalada" do conflito, a depender dos recursos que se utiliza.

Para que contribua com a diminuição na intensidade conflitiva é necessário que o advogado ajude as partes a alcançarem certa reciprocidade em seu intercâmbio. Lederach (1992) explica que em cada passo há respostas e ideias que podem transformar o negativo em expressões de conflito mais positivas, porém isto requer paciência, clareza e habilidade. Abaixo transcrevemos alguns dos movimentos que podem ser realizados pelos atores com a ajuda e o estímulo do advogado:

I) Manter o diálogo como disciplina, enxergando o problema como algo que há de se resolver e a pessoa como um ser humano que merece ser respeitado, escutado e considerado;

II) Delinear e especificar os problemas a serem resolvidos, evitando as generalizações e a confusão, fazendo um esforço para compreender as preocupações que motivam as pessoas.

III) Tornar a comunicação mais clara, fazendo algum esforço para compreenderem-se.

IV) Falar diretamente com a pessoa com a qual se tem o problema, evitando assim que terceiros despreparados atuem como interlocutores.

V) Abrir um espaço para o diálogo por meio de pessoas que contem com a confiança de ambas as partes.

O papel da Teoria do Conflito na prática jurídica

A importância destes conceitos reside na ideia de que podemos construir soluções sem destruir os vínculos, porque é possível uma abordagem que leve em consideração os elementos universais de todo conflito e suas características essenciais.

O ponto central da Teoria do Conflito de Remo Entelman é que os conflitos nem sempre devem ser vistos como problemas que podem ou precisam ser resolvidos por meio da aplicação de leis e regulamentos, e nestes casos o advogado deve reconhecer a liberdade de trabalhar criando oportunidades para o diálogo, a negociação e a cooperação entre as partes envolvidas.

A relevância da análise estática do conflito se dá na proporção em que conhecer os elementos que compõem este fenômeno social nos capacita a desenhar estratégias que atendam aos reais interesses dos envolvidos.

A teoria enfatiza a importância da compreensão de que todo conflito, quer seja de atores individuais ou coletivos, sempre será protagonizado por indivíduos humanos e, por isso, deve-se levar em consideração aspirações, valores e emoções das partes envolvidas. Entender e compreender que estamos lidando com seres humanos, que têm suas necessidades e angústias, nos ajuda a desenhar um caminho que permita atender estes desafios.

Examinar a consciência de ambos os lados do conflito é de vital importância para que o advogado não acabe por aumentar ainda mais a conflituosidade. É que, como vimos, é possível que alguém não tenha a consciência de que esteja envolvido em um conflito por não admitir encontrar-se, com respeito ao outro, em uma relação em que ambos tenham objetivos incompatíveis. Assim sendo, a atuação coerente do advogado poderá ajudar na tomada de consciência e, por vezes, esta atitude evitará o litígio.

O cálculo do uso do poder é uma ferramenta que permite ao advogado analisar o custo de determinado recurso que possua no caso concreto. Remo Entelman alerta que todo recurso utilizado tem um custo que nem sempre será econômico, mas que pode representar uma perda. Utilizar a possibilidade de buscar justiça através do Judiciário como ameaça pode significar a perda de uma chance de transformar o conflito de forma consensual, pois todo ato dentro deste processo conflitivo tem suas consequências e dará ensejo para a ação do outro, uma vez que se trata de uma relação social.

Ter em mente que todo poder é relativo permite uma estratégia de intervenção mais adequada, já que, em um conflito, cada ator tem seus recursos, os quais são seu poder, em comparação com o poder do outro. Quando pensamos em um poder militar, por exemplo, quantificando em número e qualidade de armas, deve-se levar em consideração este poder frente ao seu oponente, uma vez que não é o mesmo enfrentar com estes recursos uma superpotência ou um país subdesenvolvido. Da mesma forma, o recurso que se tem disponível pode ou não ser efetivo a depender de contra quem estamos dispostos a utilizá-lo.

Remo Entelman nos alerta de que o advogado, quando pensa no caminho pelo qual optará para solucionar a contenda, deve inventariar também os recursos de que dispõe o adversário, sendo enfático na necessidade de sempre ser feito um cálculo de seus recursos e dos recursos do outro, para evitar a surpresa.

Buscar encontrar formas de diminuir os níveis de intensidade conflitiva é um exercício que enriquece a atuação do advogado, visto que lhe permite colaborar para a manutenção das relações. A compreensão do comportamento dos atores envolvidos permite analisar as tendências e prever distintas formas de manejar o conflito, adotando ações no sentido de fazê-lo escalar ou se atenuar, de acordo com os interesses de quem o faz, convertendo-se numa ferramenta fundamental para operadores de conflito.

Entender a Teoria dos Conflitos faz do advogado um especialista naquilo que é a essência de sua profissão, conflitos. A questão é: o que leva alguém a buscar a nossa ajuda é, invariavelmente, a solução para uma questão conflituosa ou, no mais das vezes, evitar que ela se instaure. A partir daí, podemos enxergar a necessidade de conhecer as características elementares de todo conflito, seja ele entre cônjuges ou empresarial.

Tornar-se um advogado/gestor de conflitos requer habilidades que não se restringem a conteúdos trazidos pelos livros de Direito e decisões judiciais. Mas, para além disso, exige competências que nos levem a uma reforma interna e à mudança de padrões, passando a ser operadores de conflito comprometidos com a promoção da paz social e a resolução pacífica de conflitos, com responsabilidade e comprometimento ético.

Uma advocacia que reconheça a importância da interdisciplinaridade de outros conhecimentos aplicados ao exercício da profissão está em consonância com o novo mercado de trabalho, que vê os profissionais como aprendizes constantes, que têm a responsabilidade de trazer para o mundo real os conceitos apreendidos durante o percurso da carreira. Isto porque aprender não é somente adquirir conteúdo, mas colocá-lo para fora com um desempenho diferente daquele com o qual se começou o processo ou com uma nova visão de mundo.

Ademais, se a advocacia da sociedade moderna opta por limitar-se a ser a profissão que sabe cooperar com a solução dos conflitos unicamente naqueles casos em que exista solução por meio da aplicação do ordenamento jurídico, outros profissionais serão necessários para preencher este vácuo no serviço prestado, visto que esta é uma demanda da contemporaneidade.

Conclusão

O presente trabalho procurou analisar algumas características relevantes do fenômeno social chamado conflito. Trata-se de uma relação social de interdependência, entre atores individuais ou coletivos, com objetivos contrapostos ou com a mera percepção de oposição.

Partindo da teoria criada por Remo Entelman, procuramos descrever o conflito, suas características e os elementos que são considerados pelo autor como universais. Isto significa dizer que não importa que se trate de um conflito entre cônjuges ou entre nações: sua formação e seu desenvolvimento sempre serão os mesmos, pois ele é formado por elementos estáticos e elementos que lhe conferem dinamicidade (dinâmicos).

Foi analisado, brevemente, cada elemento, não com a intenção de esgotar o tema, visto tratar-se de uma teoria muito extensa e bem fundamentada, mas tão somente com a pretensão de dar ao leitor uma noção dos principais atributos.

Destacamos que, conforme ensina Remo Entelman, um conflito é constituído por seus atores, objetivos, consciência dos atores, poder e terceiros no que se refere a sua formação estática. E, por tratar-se de uma relação social, é dinâmico, podendo ter sua intensidade aumentada ou diminuída a depender das condutas dos atores.

Verificou-se a importância deste conhecimento para a atuação do advogado no sentido de dar-lhe uma visão mais ampliada de como surge, se desenvolve e é solucionado um conflito. O reconhecimento das características universais do conflito nos permite raciocinar sobre formas e estratégias de lidar com todos os aspectos fundamentais de uma relação conflituosa, com a finalidade de encontrar uma solução mais adequada, desconstruindo a visão de que todo conflito tem como a única forma de solução o processo judicial.

O artigo ressaltou a relevância da busca do aprimoramento e atualização em relação a esses conceitos, a fim de oferecer um serviço de qualidade a seus clientes e contribuir para a construção de relações mais saudáveis e pacíficas na sociedade, corroborando assim a manutenção dos vínculos.

Mapear um conflito é analisar quem são os envolvidos, suas narrativas, sua consciência do conflito, seus objetivos ou metas, as relações de poder e a consciência que têm de estarem imersos em uma situação conflituosa. Porém, passar por esta fase requer conhecimento da Teoria dos Conflitos e suas principais nuances.

Por fim, ressaltamos que o conflito é como uma tempestade, que pode devastar e destruir tudo em seu caminho, mas também pode ser uma oportunidade para que se aprenda a navegar em águas turbulentas, fortalecendo as habilidades para resolução de problemas - e nisto consiste a grande importância desta teoria.

Dessa forma, o conhecimento do conflito pode ser um diferencial na atuação do advogado atual, contribuindo para uma prática jurídica mais efetiva, justa e equilibrada.

Referências bibliográficas

ENTELMAN, Remo F. *Teoría de Conflictos*: Hacia un nuevo paradigma. Barcelona: Gedisa, 2009.

ENTELMAN, Remo F. *El Conflicto: Dilema para abogados*. Disponível em: https://todosobremediacion.com.ar/el-conflicto-dilema-para-abogados/. Acesso em: 05 abr. 2023.

GATTI, Cláudia M. *El Conflicto*. Disponível em: https://www.academia.edu/13337380/Unidad_2_El_conflicto. Acesso em: 05 abr. 2023.

LEDERACH, Ruan Pablo. *Enredos, Pleitos y Problemas: una guía práctica para ayudar a resolver conflictos*. Guatemala: Clara-Semilla, 1996.

REDORTA, Josep. *Cómo analizar los conflictos: la tipología de conflictos como herramienta de mediación*. Barcelona: Paidós, 2019.

VINYAMATA, Eduard. *Conflictología: Curso de resolución de conflictos*. Barcelona: Ariel, 2020.

SOBRE AS AUTORAS

Ana Emília Torres-Homem Giaretta

Advogada, mestranda em Direito pela UCSAL, membro da Comissão de Mediação OAB/BA. Bacharela em Direito pela UCSAL (2004). Pós-graduada em Direito Processual Civil e Direito Civil pela UFBA. Mediadora extrajudicial formada pela Brasil Jurídico (2019/2020) e pelo Curso de Mediação Transformativa em 2021 pela Pactum Jurídico com Adolfo Braga Neto. Formada em Comunicação Não Violenta – CNV e Práticas Restaurativas pela SEC Sobral (2021).

Cláudia Weyne Melo de Castro

Advogada colaborativa, mediadora extrajudicial, mediadora e conciliadora judicial, facilitadora de Práticas Restaurativas, facilitadora em Comunicação Não Violenta. Pós-graduada em Processo Civil; em Direito do Trabalho e Processo Trabalhista; em Constelação Familiar Método Bert Hellinger Psicologia Sistêmica e em Mediação e Gestão de Conflitos. Mestranda em Mediação Educacional.

Fernanda Francisca Veras Carvalho

Graduada em Psicologia pela Universidade Estadual do Rio de Janeiro, em 1988, e em Direito pela Universidade Cândido Mendes, em 2016. Pós-graduanda em Direito de Famílias e Sucessões pelo Instituto Imadec. Mediadora Judicial do Tribunal de Justiça Rio de Janeiro e extrajudicial. Membra da comissão de Práticas Colaborativas da OAB/RJ e da comissão de Advocacia Consensual e Mediação da OAB Barra da Tijuca/RJ.

Fernanda Rodrigues Feltran

Mestra em Direito Público (PUC-SP). Advogada e mediadora especialista em Relações e Empresas Familiares. Professora universitária e palestrante nas áreas de Resolução Extrajudicial de Disputas, Direito Sistêmico e Comunicação Consciente. É fundadora do Instituto Desperttar - Escola de Inteligência Emocional e da FeltranAngeli Advocacia e Solução de Conflitos.

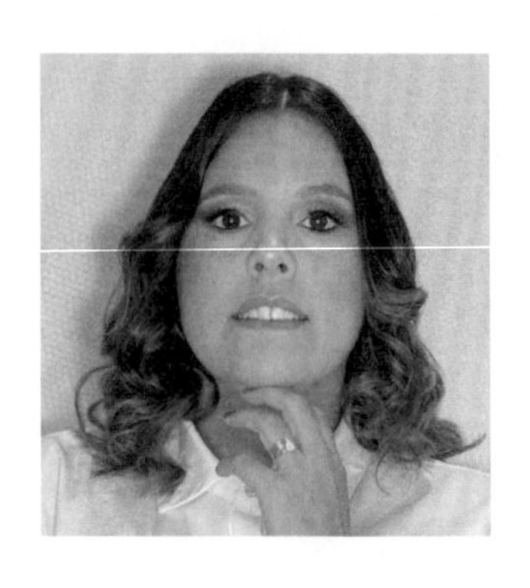

Macela Nunes Leal

Advogada colaborativa, mediadora extrajudicial e judicial, presidente da Comissão de Advocacia Colaborativa da OAB PI, mestra em Resolução de Conflitos e Mediação, pós-graduada em Direito e Processo do Trabalho, pós-graduada em Direito Constitucional e Administrativo, autora e coautora de obras jurídicas.

Márcia Rosa

Fez mestrado em Sistemas de Resoluções de Conflitos na Argentina, estudou negociação em Harvard, Mediação na Columbia University. Fundadora da Márcia Rosa Consultoria, advogada colaborativa, especialista em empresas, mentora em Comunicação e Relacionamentos, facilitadora de *mindfulness*.

Quíssila Pessanha

Doutoranda em Direito Privado. Mestre em Ciências Jurídicas e Sociais. Especialista em Mediação e Negociação. Mediadora judicial TJ/RJ, extrajudicial e online ICFML.

Raquel Nery Cardozo

Doutora em ciências jurídicas e sociais pela Universidade Federal Fluminense, mestre em Direito pela Universidade Estácio de Sá, graduada pela Pontifícia Universidade Católica do Rio de Janeiro, professora adjunta da Universidade Federal Fluminense.

Rosane Fagundes

Advogada, mediadora, *conflict coach* e Empreendedora. Mais informações pelos links: https://www.linkedin.com/in/rosanefagundesmediadora ou https://rosanefagundes.website/.

Suzane de Almeida Pimentel Nogueira

Mestre pelo Programa de Pós-Graduação em Direito Público Evolução Social e Novos Direitos da Universidade Estácio de Sá. Graduada em Mediação de Conflitos pela Universidade Católica de Petrópolis. Mestranda em Sistemas de Resolução de Conflitos pela Universidade Nacional Lomas de Zamora (Argentina). Advogada. Mediadora judicial do TJ-RJ. Participante do Grupo de Pesquisa em Formas Consensuais de Administração de Conflitos em Perspectiva Empírica (FOCA) e Laboratório de Práticas Consensuais - UFRRJ-ITR, coordenado pelo Dr. Klever Paulo Leal Filpo.